JN021486

ライブラリ 経済学15講 BASIC編 ❸

マクロ経済学 15講

河原 伸哉
慶田 昌之 共著

Fifteen Lectures on Macroeconomics

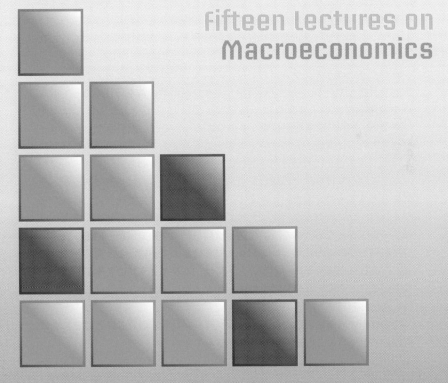

新世社

編者のことば

　『ライブラリ 経済学 15 講』は，各巻は独立であるものの，全体として経済学の主要な分野をカバーする入門書の体系であり，通年 2 学期制をとる多くの大学の経済学部やそれに準じた学部の経済学専攻コースにおいて，いずれも半学期 15 回の講義数に合わせた内容のライブラリ（図書シリーズ）となっている。近年では通年 4 学期のクォーター制をとる大学も増えてきているが，その場合には，15 講は講義数を強調するものではなく，講義範囲の目安となるものと理解されたい。

　私が大学生のころは，入学後の 2 年間は必修となる語学や一般教養科目が中心であり，専門科目としての経済学は，早目に設置・配当する大学においても，ようやく 2 年次の後半学期に選択必修としての基礎科目群が導入されるというカリキュラムだった。一般教養科目の制約が薄れた近年は，多くの大学では 1 年次から入門レベルの専門科目が開講されており，学年進行に合わせて，必修科目，選択必修科目，選択科目といった科目群の指定も行われるようになった。

　系統だったカリキュラムにおいて，本ライブラリは各巻とも入門レベルの内容を目指している。ミクロ経済学とマクロ経済学の基本科目，そして財政学や金融論などの主要科目は，通常は半学期 15 回で十分なわけではなく，その 2 倍，3 倍の授業数が必要なものもあろう。そうした科目では，本ライブラリの内容は講義の骨格部分を形成するものであり，実際の講義の展開によって，さまざまに肉付けがなされるものと想定している。

　本ライブラリは大学での講義を意識したものであるのは当然であるが，それにとどまるものでもないと考えている。経済学を学んで社会に出られたビジネスパーソンの方々などが，大学での講義を思い出して再勉強する際には最良の復習書となるであろう。公務員試験や経済学検定試験（ERE）などの資格試験の受験の際にも，コンパクトで有効なよすがになると期待している。また，高校生や経済学の初心者の方々には，本ライブラリの各巻を読破することにより，それぞれの分野を俯瞰し，大まかに把握する手助けになると確信している。

　このほかの活用法も含めて，本ライブラリが数多くの読者にとって，真に待望の書とならんことを心より祈念するものである。

浅子　和美

はしがき

　本書は大学初年次から 2 年次の学生を対象にマクロ経済学の基本的な内容を講義することを目的とした教科書です。特に本書では「マクロ経済学モデル」の要点を容易に理解できるよう解説に努めました。マクロ経済学が対象とする「マクロ経済」は，相当程度に複雑なものです。したがって，マクロ経済学の教科書も大部になり，また，複雑な内容となる傾向があります。本書は読み通しやすい分量に配慮しつつ，可能な限り容易に理解できるよう解説に努めましたが，その成否の判断は読者におまかせしたいと思います。

　マクロ経済という対象は目で見たり手で触ったりすることができません。このようなマクロ経済を学問として扱うためには，(1)マクロ経済モデルを構築し概念を整理すること，(2)マクロ経済モデルの概念整理に従ってマクロ経済統計を作成し，そのような統計を通じてマクロ経済を把握すること，が必要です。その意味でマクロ経済学を学ぶためには，モデルと統計上の数値との関連について一定程度の理解が必要となるという考え方は，極めて理に叶っていると思われます。このような事情から，多くのマクロ経済学の教科書では，マクロ経済統計に関する説明が行われ，また，実際の統計表も数多く掲載されています。

　これに対して本書ではマクロ経済モデルの説明に重点を置き，マクロ経済統計に関する説明は必要最小限にとどめました。また，現実の統計表を載せることもあえて避けました。他方で，マクロ経済モデルの説明に関して一貫性を重視するよう心がけました。統計に関する説明を省くことで，マクロ経済モデルの概念整理に集中できるため，理解が容易になると考えたためです。ただし，繰り返しになりますが，現実のマクロ経済を理解するためには，マクロ経済統計について理解することも大切です。本書を通してマクロ経済モデルを学んだ後には，マクロ経済統計を扱った教科書等にあたり両者の関連について学ぶことが有益であることを強調しておきます。

私たちは，本ライブラリの編者である浅子和美先生に執筆を勧めていただいたことがきっかけとなり，本書の執筆を開始しました。大学での「マクロ経済学」の講義を担当した経験に基づいて，できるだけわかりやすい教科書を目指しましたが，なかなか執筆は進まないところを，編集を担当いただいた新世社の御園生晴彦さんと谷口雅彦さんの数々の的確なアドバイスと叱咤激励によって，なんとか完成に漕ぎ着けることができました。御三方に対しここに深く感謝申し上げます。

2023 年 2 月

河原　伸哉
慶田　昌之

目　次

第4講　資産市場①：資産としての貨幣と債券　　61

第5講　資産市場②：貨幣市場と債券市場　　80

第6講　資産市場③：資産市場の均衡と LM 曲線　　89

序論　マクロ経済学を学ぶ

　大学初年次の学生さんなど経済学の初学者から「ミクロ経済学よりもマクロ経済学のほうが難しい」という声をよく耳にします。もちろん，ミクロ経済学を専門的に勉強し始めると高度に数学的な理解が必要になり，多くの人が困惑する場面も多いことは確かです。一方で，近年の大学初年次のミクロ経済学の講義を担当する先生方は，難易度の高い内容を直感的に講義することに非常に優れており，ミクロ経済学の内容を身近な問題として感じることができるために“わかりやすい”と感じる学生さんが多いのではないかと思われます。

　翻ってマクロ経済学に目を向けると，残念ながら初学者の学生さんが“むずかしい”と感じる要素に満ちています。これは必ずしも大学初年次のマクロ経済の講義を担当する先生方が，直感的な講義をすることが不得手であるためではなく，直感的に理解することが難しい概念が多いためではないかと思われます。この点を意識することは，マクロ経済学の理解をスムーズにする助けになるのではないかと思います。したがって，まずマクロ経済学が対象としている「マクロ経済」とはどのようなものかを簡単に説明しながら，初学者がしばしば難しいと感じる部分がどのような点なのかを明確にしましょう。

　マクロ経済とは，一国全体の経済など，ある範囲の経済全体を指す言葉です。県や市町村などの地域全体を考えることもできますが，共通の経済政策が適用される国の単位で捉えられることが多いため，ここではマクロ経済という言葉を一国全体の経済を指し示すものとして使います。すなわち，日本を対象に考えるマクロ経済とは，1億2千万人程度の人々から構成される数千万の家計，数百万社という会社組織とその他の事業主体，地方自治組織やNGOなどの非営利組織などが日々活動している経済全体を表します。想像

するだけで気が遠くなりそうな複雑な構造をしていることは確実なのですが，この全体像を捉えようとするのがマクロ経済学という分野です。

マクロ経済のような複雑な構造を把握するためには，把握したい事象を簡潔に捉えるための単純化が必要になります。ミクロ経済学やマクロ経済学を問わず経済学においては，把握したい事象を明確にし，その事象を捉えるために最低限必要な概念を組み合わせて論理を整理したモデルと呼ばれるツールが用いられます。本書では，そのようなマクロ経済学におけるモデル（「マクロ経済モデル」と呼ばれます）について学び，それらを用いて，現実経済におけるマクロ経済が変動する要因やマクロ経済政策の効果について考察します。

0.1　集 計 量

マクロ経済学は，一国全体の経済を扱う分野です。このため一国全体を対象として集計された集計量を扱います。ただし，このような集計量は，消費者や生産者など個々の経済主体の行動を合計したものであるため，イメージすることが難しい場合があります。

例えば，マクロ経済学における「投資」という用語は，生産に寄与する財である資本を増やす行為です。それには自動車会社の設備投資，輸送サービス会社であるバス会社がバスを購入すること，飲食サービスを提供する飲食店がテーブルと椅子を購入することなどが含まれます。それぞれ異なった経済行動が1つにまとめられてしまうため，イメージをすることが難しい概念であると感じる場合もあるでしょう。

集計量を扱う場合には，具体的なイメージと，その概念が含むバリエーションをつかむことが大切です。本書では初めて扱う集計量を説明する場合には，具体的な内容をいくつか列挙し，バリエーションを含めて理解できるように工夫しています。

0.2 現実の経済に関する知識 --------------------

マクロ経済を理解するためには現実の経済に関する知識がとても大切です。大学初年次の学生さんにとって現実の経済に関する知識は，限られていることでしょう。このことはマクロ経済を難しいと感じさせる一つの要因だと考えます。

マクロ経済学を学ぶためには，高度な専門知識ではないとしても，常識的な金融市場の知識や会社組織の知識が暗黙の前提になっている場合があります。これらは社会で働いていると一部は自然に身につくものですが，学生のみなさんにとってはとっつきにくさを感じさせるかもしれません。

本書では，可能な限りこれらの知識を補うようにしますが，マクロ経済学を勉強する際には経済の知識が思ったよりも必要なのだということを忘れないようにしてください。これらを補う方法としては，新聞やテレビ，インターネットなどを通じて社会で起こっている出来事やニュースなどに関心を持つことが重要です。

0.3 モデルで経済をとらえる --------------------

上でも述べましたが，経済学において，複雑な事象をモデルとして捉えるという考え方は非常に重要です。本書においては，そのためのツールとしてマクロ経済モデルと呼ばれるモデルを学ぶことになります。モデルで考えるという考え方に慣れることは，マクロ経済学だけではなく経済学を学ぶ際にも非常に有益です。

経済モデルを扱うとは，複雑な経済現象を抽象化し模型（モデル）で扱うことです。経済モデルは，現実経済のありのままの姿ではありません。なぜ，そのような経済モデルを用いる事が有益なのかという点について例を挙げて考えてみましょう。

ある高名なマクロ経済学者が，そのような点について，地図を例に挙げな

がら説明しています。地図は，現在の場所から目的地までの経路を明らかに
することを目的に使用されるものです。いうまでもなく，地図は実際の地形
そのままを描写したものではありません。例えば，実際の地形は立体的です
が，地図は平面で表されており，建物などは高さを捨象して四角などの図形
で表されています。また，路上に存在するものすべてが描かれているのでは
なく，縮尺に応じて簡略化もされています。

　すなわち，地図は，現実を理解し易くするために，現実を抽象化したもの
であるといえます。もし，現実と同じ地図を作成するとしたら，どのように
したらよいでしょうか。地球全体で考えると，地球の隣にもう一つ地球と同
じ大きさの球体を作成し，その上に現実と同じ模型を作成することで，原理
的には完成させることができるかもしれません。しかし，それは地図として
有益でしょうか？　そのような地図は，地図としての目的，すなわち「現在
の場所から目的地までの経路を明らかにする」という目的で，人々が利用す
ることはできないでしょう。

　以上の点は，マクロ経済モデルと現実のマクロ経済の関係にそのまま適用
することができます。抽象化されていない現実そのままを描写したマクロ経
済モデルを構築することは，有益でない 1/1 の地図を作成することと同じこ
とであるといえます。日本経済の複雑な構造そのままを描写したマクロ経済
モデルは，私たちが日本経済を理解するための手助けにはなり得ません。複
雑な現実の経済を適切な形で抽象化し，不必要な部分を捨象して，複雑さを
極力避けたマクロ経済モデルこそが，現実のマクロ経済を理解するために有
用なツールです。これは，手元で見ながら歩けるような地図と同様に，手元
で動かしながら経済現象を理解できるモデルであることが必要です。本書で
は，このようなマクロ経済モデルについて学んでいくことになります。

0.4　ケインズ派と新古典派----------------------

　マクロ経済学は，1936 年にケインズ（J. M. Keynes）が『雇用・利子および
貨幣の一般理論』（通称『一般理論』と呼ばれます）という書物を著し，新しい

経済学の考え方を発表したことによって，学問分野として確立していったと考えられています。もちろん，ケインズに影響を与えたと考えられる先駆的な研究もいくつか指摘されていますが，それまでの経済学を一変させる考え方が示されたことで，マクロ経済学という分野が生み出されたと評価されています。このケインズの考え方に影響を受けているマクロ経済学をケインズ派マクロ経済学と呼びます。

　ケインズ派マクロ経済学によって指摘されたマクロ経済学は，経済学全体にとっては新しいものでした。とはいえ，以前の経済学が一国全体の経済を考えなかったわけではありません。『一般理論』の発表より半世紀ほど前に確立した新古典派と呼ばれる経済学は，ミクロ経済学の理論を確立させており，これに基づくマクロ経済学が考えられました。ケインズ派マクロ経済学の指摘に応答する形で，明確化されてきたケインズ以前の経済学に基づくマクロ経済学を，新古典派マクロ経済学と呼びます。

　ケインズ派マクロ経済学と新古典派マクロ経済学の違いについては，本書を読むことで理解していただきたいのですが，1つだけ最も大きな部分を述べておきましょう。それはマクロ経済政策についての見方です。

　マクロ経済政策は，一国経済に影響を与える政府が実行する政策で金融政策と財政政策に分けられます。ケインズ派マクロ経済学では，金融政策と財政政策が GDP（国内総生産，Gross Domestic Product）の量を変動させるという意味で有効であると主張します。一方で新古典派マクロ経済学では，金融政策と財政政策は GDP の量を変動させないという意味で無効であると主張します。これはマクロ経済学を考える上では大きな違いであり，それぞれが異なった主張をしているという点を，現時点では押さえておいてください。

　本書では，このケインズ派マクロ経済学と新古典派マクロ経済学の両方を学ぶことを目標にします。この両方の内容を正確に理解することが，現在のマクロ経済学を学ぶための最初の一歩として大事だと考えるからです。ただし，その目標のために本書の構成は，ケインズ派と新古典派について等しい量の説明をするという方法は取りませんでした。初学者の方の学びやすさを重視して，重複を避け，効率的に学べるように工夫しました。

　そのため構成は以下のようになっています。**第 1 講**は，ケインズ派と新古

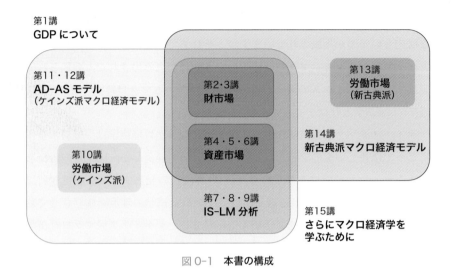

第1講
GDP について

第11・12講
AD-AS モデル
（ケインズ派マクロ経済モデル）

第2・3講
財市場

第13講
労働市場
（新古典派）

第14講
新古典派マクロ経済モデル

第10講
労働市場
（ケインズ派）

第4・5・6講
資産市場

第7・8・9講
IS-LM 分析

第15講
さらにマクロ経済学を
学ぶために

図 0-1　**本書の構成**

典派に共通の内容として GDP に関して学びます。**第 2 講～第 12 講**までは
ケインズ派マクロ経済学の内容を一通り理解することを目指して説明します。
そのあとケインズ派マクロ経済学との違いに注目して，**第 13 講～第 14 講**
において新古典派マクロ経済学を説明します。**第 15 講**は，全体のまとめで
す。図 0-1 に「本書の構成」をまとめましたので，本書を読み進める途中
で全体の構造と各講の位置を確認するために参照してください。

第1講
経済活動の大きさを測る

■マクロ経済学は，一国全体の経済活動について扱う学問分野です。一国全体の経済活動を把握するための代表的な指標として，国内総生産（GDP）があります。本講ではこの国内総生産（GDP）について学びます。

1.1 一国の経済活動を測る----------------------

　一国全体の経済活動の規模はどのように測ることができるのでしょうか。言い換えると，一国の経済が全体としてうまくいっているかどうかは，どのようにして把握することができるでしょうか。

　このような問題に対して，経済学者は，一国全体の「生産」活動の量を測ることで対応してきました。すなわち，一国全体の生産活動が量的に拡大する場合には，その経済はうまくいっており，逆に，それが縮小する場合には，その経済はうまくいっていないと判断されます。

　ここでいう生産活動の量は，日常的に使用される「景気」という言葉と密接に関係しています。景気は，英語で「business（ビジネス）」と訳されます。生産活動の拡大は，ビジネスが活発，すなわち，景気が良いことを意味し，逆に，生産活動の縮小は，ビジネスが活発でなく，景気が悪いことを意味します。

1.2 生　産 -

　それでは，経済学において，生産活動の量はどのように捉えられるでしょうか。生産とは，財・サービスを生み出す経済活動を表します。通常，財・サービスを生み出すのに，何らの原材料もなく，道具もなく，作業もなく生み出すことはできません。したがって，生産を行うには，何らかの有形無形の資源が必要となることは明らかです。

■生産要素

　通常，経済学においては，生産を行う上で必要となるそのような資源として，「労働」と「資本」という2つの資源を想定します。すなわち，労働と資本を投入（input）することで，財・サービスが生産されるものと考えます。

　このような労働や資本のように財・サービスの生産に投入されるものを生産要素と呼びます。生産要素という言葉は日常的には使用されませんが，生産に投入される労働と資本をグループ化する用語であると考えてください。

　経済学における「労働」は，日常的な意味において働くことを意味します。人々の生産活動における肉体的・精神的努力を労働と呼びます。また，「資本」は生産活動に投入される財を表します。例えば，自動車を生産する場合の機械設備や工場などの建物などが資本に相当します。労働と資本に加えて，土地などを考える場合もありますが，ここでは土地も資本の一種であると考え，労働と資本のみに絞って話を進めます。

　ところで，資本という用語は，生産活動に投入される財以外の意味で使われる場合があります。特に資金を指して使われる場合は，ここでの資本とは異なる意味を持ちます。生産に投入される財の意味であることを明確にするため実物資本という用語を使い，資金であることを明確にするために金融資本という場合もあります。単純に，「資本」という用語が登場した場合，まずは生産活動に投入される財としての資本の意味で解釈できるか考えてみてください。もしそのような解釈ができない場合は，金融資本を表していると考えられます。

■ 財・サービスの産出

　生産要素を投入し，生産という過程を経て，財・サービスが生み出されます。これを産出（output）と呼びます。図1-1は，生産の過程を表したものです。図1-1でも示されるように，経済学においては，「生産」と呼ばれる過程は，ブラックボックスのようなものとして捉えられます。企業などで行われる現実の生産の過程は，例えば，自動車の生産であれば工場で働く人たちの労働が投入され，工作機械などの資本が投入され，その組み合わせによって自動車が生産されるといったものです。あるいは，カフェなどの飲食サービスを供給する飲食店では，店員の労働が投入され，テーブル，椅子，什器，キッチン設備，店舗自体の構造物といった資本が投入され，その組み合わせによってコーヒーやケーキなどの飲食サービスが提供されるという形で，生産が行われていると考えられます。

　経済では様々な企業によって多様な財・サービスが生産されていますが，いずれの財・サービスについても，労働と資本という生産要素が投入され，その組み合わせによって生産が行われていると見なすことで，経済におけるあらゆる財・サービスの生産活動を考えることができます。これは生産という概念が現実をうまく抽象化しているからです。個別の企業で行われる生産活動はそれぞれの企業で違いがありますが，経済学で考える生産は，それらを抽象化した概念であることに注意してください。

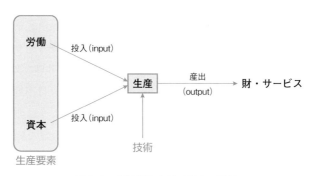

図1-1　経済学における生産の過程

■ 技　術

　上でも述べた通り，生産は労働と資本という生産要素を投入し，財・サービスを生み出す活動ですが，より少ない労働と資本を用いて多くの量の財・サービスを生産できる方が，多くの労働と資本から少量の財・サービスを生産するよりも，より優れた生産技術であると判断できます。このように技術も生産活動に影響を与える要因として捉えることができます。ここでの技術は，自動車を生産する上で重要となる工学的な技術も含まれますが，例えば，ファストフード店における少ないアルバイトと規模の限られたキッチン設備で多くの顧客にさばくために考え出されたマニュアルなどのノウハウも，技術の一つの形態であると見なすことができます。

1.3　フロー循環図------------------------------------

　本講の始めにも述べましたが，マクロ経済学は一国全体の経済活動について扱う学問分野です。このような一国全体の経済をマクロ経済と呼ぶことにします。

■ フロー循環図とは

　マクロ経済は複雑な構造をしています。例えば，日本には，400万社以上の企業が存在し，様々な事業を行っています。それらは日本経済というマクロ経済における生産主体（生産者）になります。農業，漁業や個人事業主を含めると，そのような生産主体としての企業は，さらに多くなります。そのような様々な企業によって生産された様々な財・サービスは，1億2千万人程度の人々によって，購入されています。それらはやはり日本経済というマクロ経済における消費主体（消費者）となります。このように非常に多くの企業（生産者）と非常に多くの人々（消費者）からなる複雑な経済構造をありのまま理解することは難しいため，可能な限り単純化する必要があります。

　そのために用いられるのがフロー循環図と呼ばれる図です。フロー循環図とは，経済における家計と企業の間の市場を通じた財・サービスや資金の流

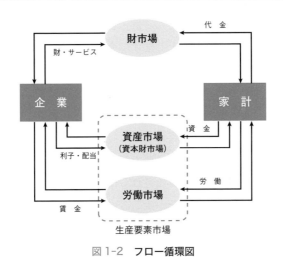

図 1-2　**フロー循環図**

れ（フロー[1]）を示した模式図を表します。ここでは，生産要素を投入して生産活動を行う企業と，生産要素を所有し，生産された財・サービスを消費する家計を考えて，このようなマクロ経済のフロー循環図を考えます。図1-2はそれを表したものです。

■３つの市場

　まず，企業が生産した財・サービスを家計に対して販売し，家計がそれらを購入する市場を財市場と呼びます。財・サービス市場と呼ぶべきなのですが，長くなるため慣習的に財市場と呼ばれます。しかしここにはサービスの取引も含まれていることに注意してください。企業と家計によるこのような取引は，わたしたちが百貨店，コンビニエンスストア，飲食店，インターネットなどを通じて日常的に行っているすべての取引を含みます。財市場は，家計によって財・サービスが需要され，企業によってそれらが供給される市場です。

1　フロー変数については，**5.3節**で解説します。

このような財・サービスが財市場で取引されるためには，それらが企業によって生産されなければなりません。財・サービスの生産には，労働と資本の2つの生産要素が用いられるとします。企業によって生産要素が需要され，家計によってそれらが供給される市場が生産要素市場です。生産要素市場のうち，労働が取引される市場が労働市場です。労働市場では，働く側の家計が労働を供給し，雇う側の企業が労働を需要します。家計によって供給された労働に対する報酬として，企業は家計に対して賃金を支払います。

　資本については，詳しい説明が必要です。生産要素である資本が，企業によって需要され，家計によって供給される市場を資本市場と呼べば単純なのですが，そのように用いると誤解が生じる可能性があります。資本は生産に1回のみ利用できるものばかりではなく，例えば工場設備のように，何年にもわたって生産に利用できる設備があります。企業は，このような設備を購入するための資金を需要します。そのような資金を用いて資本を購入し，それを用いて生産活動を行います。そして生産（と販売）によって得られた利益の中から，資金の供給者である家計に対して報酬である利子を支払います。

　すなわち，生産活動において企業が資本を使用する際には，その裏側で家計との間で資金の取引が行われているものと考えられます。このような資金が取引される市場を資産市場と呼びます。現実的には，企業と家計による資金の取引は，株式や社債等によって直接的に行われる場合もあれば，銀行による融資等を通じて間接的に行われる場合もあります。いずれにせよ，このような理由から，資産市場は資金の貸借市場のようにイメージした方が理解しやすいかもしれません。

1.4　国内総生産の計測----------------------------

　マクロ経済における財市場，労働市場，資産市場の関係がある程度イメージできたところで，いよいよ，このような経済における生産活動の量を測ることを考えましょう。生産活動の量，言い換えると，生産活動の大きさの程度は，生産された財・サービスの市場価値の大きさで測ることができます。

それでは，どのようにして，市場価値の大きさを測ればよいのでしょうか。

■ パンの生産の例

　次のような経済を考えます。この経済には，農家，製粉所，製パン会社の3つの生産者が存在します。農家は，小麦を生産し，製粉所に販売します。製粉所は，農家から購入した小麦を用いて小麦粉を生産し，製パン会社に販売します。製パン会社は，製粉所から購入した小麦粉を用いてパンを生産します。家計は，製パン会社からパンを購入し，消費します。

　表1-1は，ある年（2022年）において，それぞれの生産者（農家，製粉所，製パン会社）によって生産された財（小麦，小麦粉，パン）の価格，生産量（販売量），価値を示したものです。ここでいう価値は，その年の価格に生産量（販売量）を乗じた数値のことです。

　まず，表1-1 (a) は，それぞれの財の1トン当たりの価格，生産量，価値を示しています。2022年においては，農家によって，1トン当たり1,000

表1-1　生産された財の価格，数量，価値（2022年）

(a) 2022年の価格，生産量，価値

	価格（円）		生産量（万トン）		価値（億円）
小　麦	1,000	×	500	=	50
小麦粉	5,000	×	300	=	150
パ　ン	15,000	×	200	=	300

(b) 2022年の価値

（単位：億円）

	生産財の価値		中間財の価値		付加価値
農　家	50	−	0	=	50
製粉所	150	−	50	=	100
製パン会社	300	−	150	=	150
計	500	−	200	=	300

円の小麦が，500万トン分生産されました。その価値は，生産量500万トンに価格1,000円を乗じた50億円となります。同様にして，小麦粉は150億円，パンは300億円の価値であることがわかります。

表1-1 (b) は，各生産者が生産した財の価値（生産財と呼びます）について，もう少し詳しく示したものです。表の左側の列の数値を見てください。農家は50億円分の小麦を生産しました。説明を簡単にするため，小麦の生産には，原材料費などはかかっていないものとします。財を生産する際に使用した原材料や部品などを中間財と呼びます。したがって，農家が小麦生産の際に使用した中間財の価値は，ゼロとなります。表の中央の列の数値が中間財の価値を表します。

製粉所が，農家から小麦を購入し，150億円分の小麦粉を生産します。すなわち，製粉所の生産財（小麦粉）の価値は150億円で，中間財（小麦）の価値は50億円となります。製パン会社は，製粉所から小麦粉を購入し，300億円分のパンを生産します。すなわち，製パン会社の生産財（パン）の価値は300億円で，中間財（小麦粉）の価値は150億円となります。

■付加価値

ここで，すべての生産財の価値を足し合わせてみると500億円となることがわかります。この500億円がこの経済の生産活動の大きさを表していると考えてもよいでしょうか。実は，これには以下のような問題点があります。

まず，製粉所が生産する小麦粉は，農家が生産した小麦を中間財として使用していますので，小麦粉の生産財としての価値150億円分には，小麦の中間財としての価値50億円分が含まれています。また，製パン会社が生産するパンは小麦粉を中間財として使用していますので，パンの生産財としての価値300億円分には，小麦粉の中間財としての価値150億円分が含まれ，さらにその小麦粉の価値には小麦50億円分の価値が含まれていることになります。このように生産財の価値を単純に足し合わせてしまうと，中間財の価値が，二重計算，三重計算されることになります。

これは，小麦，小麦粉，パンのような3つ程度の単純な生産工程であればそれほど大きな問題ではないようも思えますが，現代の工業製品のように数

多くの工程を経て製品になる財の場合，工程の数と取引に関わる企業の数が増えるだけで，最終的に消費される財の量が変わらなくても，生産額の大きさだけは大きくなるという問題が生じます。

そこで，それぞれの生産財の価値から中間財の価値を差し引いた額を考えてみましょう。このような価値は付加価値と呼ばれます。まず，農家は50億円分の小麦を生産・販売しました。その際，中間財は使用していませんので，農家が生み出した付加価値は50億円です。製粉所は150億円分の小麦粉を生産・販売しましたが，そのうちの50億円分は中間財である小麦の価値です。これは農家の生産活動によって生み出されたものであり，製粉所の生産活動によって生み出されたものではありません。製粉所が生み出した付加価値は，生産財の価値150億円から中間財の価値50億円を差し引いた100億円となります。製パン会社についても同様で，製パン会社が生み出した付加価値は，生産・販売した生産財の価値300億円から中間財の価値150億円を差し引いた150億円分となります。

■ 国内総生産（GDP）

このようにしてそれぞれの生産者が生み出した付加価値を足し合わせると300億円になります。表1-1 (b) の右側の列の数値が各生産者による付加価値とそれらの合計を表します。実は，このようにして計算された付加価値の合計は，上で述べたような，中間財の価値を二重計算，三重計算してしまうことによる問題が生じません。

すなわち，製粉所が生み出した付加価値100億円には，農家が生み出した50億円分の付加価値は含んでいません。また，製パン会社が生み出した付加価値150億円には，製粉所が生み出した100億円分の付加価値と農家が生み出した50億円分の付加価値を含んでいません。したがって，それらの合計である300億円には，それぞれの生産者が生み出した付加価値が1回ずつカウントされていることになります。このように付加価値のみを各生産者について合計すれば，生産工程の数や取引に関わる企業の数がどれだけ増えても，生産の大きさは全く影響を受けません。

以上のように考えると，付加価値の合計は，この経済全体の生産活動の大

きさを適切に測っていると考えられます。このような一国におけるすべての生産活動によって生み出された付加価値の合計を国内総生産（GDP：Gross Domestic Product）と呼びます。

　国内総生産は次のように捉えることもできます。この経済において，最終的に消費される財はパンのみです。これを最終財と呼びます。小麦はすべてが小麦粉になり，小麦粉はすべてがパンになるので，小麦や小麦粉がそのままの形で消費されることはありません。すなわち，この経済では，パンのみが最終財です。

　パンの生産財としての価値300億円には，小麦の価値，小麦粉の価値が含まれていますが，それぞれ1回ずつカウントされています。その結果，付加価値の合計である300億円は，パンの生産財の価値300億円と一致します。したがって，国内総生産は最終財の価値であるともいうことができます。経済全体の生産活動の大きさを測る国内総生産は，その経済におけるすべての生産活動による付加価値の合計であり，それは，最終財の価値によって表されます。

1.5　名目GDPと実質GDP--------------------

　本講の冒頭でも述べましたが，マクロ経済学では，一国全体の経済について学びます。一国全体の経済を把握するための指標として，国内総生産（GDP）を定義しました。GDPの時間を通じた変化を調べることで，一国の経済がどのように変動しているか（景気が拡大しているのか，あるいは不況に陥っているのか）についての理解を深めることができます。しかしながら，時間を通じたGDPの変動を比較する場合は，財の価格に注意する必要があります。

■ 価格変化の問題

　いま，ある経済における生産が，2022年から2023年にかけて，表1-1から表1-2のように変化したとします。表1-2 (a) を見ると，それぞれの財

表 1-2　生産された財の価格，生産量，価値（2023 年）

(a) 2023 年の価格，生産量，価値

	価格（円）		生産量（万トン）		価値（億円）
小麦	2,000	×	500	=	100
小麦粉	10,000	×	300	=	300
パン	30,000	×	200	=	600

(b) 2023 年の価値

（単位：億円）

	生産財の価値		中間財の価値		付加価値
農　家	100	−	0	=	100
製粉所	300	−	100	=	200
製パン会社	600	−	300	=	300
計	1,000	−	400	=	600

の価格のみが変化して，生産量は変化していないことがわかります。1トン当たりの価格は，小麦は 1,000 円から 2,000 円へ，小麦粉は 5,000 円から 10,000 円へ，パンは 15,000 円から 30,000 円へと上昇しました。このような価格の変化によって，2023 年の GDP（すなわち，すべての生産活動による付加価値の合計）は，600 億円となっています。表 1-2 **(b)** は，それらをまとめたものです。

　以上から，この経済の GDP は，2022 年から 2023 年にかけて，300 億円から 600 億円へと 2 倍に増加しました。このことは生産活動の大きさが 2 倍になったといえるでしょうか。繰り返しますが，表をよく確認すると，それぞれの財の価格が 2 倍に変化したのみで，生産量については，すべての財について，2022 年から 2023 年にかけて変化していません。すなわち，GDP が 2 倍になった理由は，価格が 2 倍になったからであることがわかります。

　このような変化は，この経済の実質的な生産活動に全く影響を与えていません。この「実質的な生産活動」とは，労働や資本をどれだけ投入して（す

なわち，どれだけ働いて），財・サービスをどれだけ生産したかということを意味します。財・サービスの生産量に変化がなければ，実質的な生産活動は変化していないと結論付けられます。

■ 実質 GDP の計算

この実質的な生産活動を測るための概念として実質 GDP を導入します。これまで私たちが GDP と呼んでいたものは，例えば，2022 年であれば，その年の価格を用いて付加価値が計算されたものです。このように，当該年の物価で測った GDP を名目 GDP と呼びます。

他方，実質 GDP は，当該年の物価ではなく，基準年の物価で測った GDP を表します。すなわち，基準となる特定の年を任意に定め，それを用いてそれぞれの年の付加価値額の合計を計算したものが実質 GDP となります。

式で表現すると，名目 GDP は，

当該年の名目 GDP ＝ 当該年の物価 × 当該年の生産量

です。他方，実質 GDP は，

当該年の実質 GDP ＝ 基準年の物価 × 当該年の生産量

となります。

それでは，2022 年を基準年として，2023 年の実質 GDP を求めてみましょう。GDP は，名目・実質にかかわらず，その経済におけるすべての生産活動による付加価値の合計＝最終財の価値で表されました。この経済における最終財はパンのみです。したがって，2023 年の実質 GDP は，基準年である 2022 年のパンの価格 15,000 円に 2023 年のパンの生産量 200 万トンを乗じた

2023 年の実質 GDP ＝ 15,000 × 200 ＝ 300 億円

となり，2022 年の GDP と同じであることがわかります[2]。このように実質

---

2 2022 年の実質 GDP は，基準年である 2022 年のパンの価格 15,000 円に 2022 年のパンの生産量 200 万トンを乗じた 300 億円となり，名目 GDP と同じになります。すなわち，基準年に関しては，実質 GDP と名目 GDP は等しくなります。

GDP に基づくと，2022 年と比較して 2023 年は生産活動の規模は変化していないことがわかります。

　名目 GDP と実質 GDP の 2 式を用いると，名目 GDP と実質 GDP の関係を以下のように表すことができます。

$$当該年の実質 GDP ＝ 当該年の名目 GDP \times \frac{基準年の物価水準}{当該年の物価水準}$$

基準年である 2022 年の物価水準を 100 とすると，当該年である 2023 年の物価水準はすべての財（小麦，小麦粉，パン）の価格が 2 倍になっているので 200 です。したがって，2023 年の実質 GDP は

$$2023 年の実質 GDP ＝ 600 \times \frac{100}{200} ＝ 300 億円$$

のように求めることもできます。

■ 実質と名目の違い

　上でも述べたように，実質 GDP は実質的な生産活動を測るための概念です。この「実質的な生産活動」は何を表しているのでしょうか。

　実質 GDP は，財・サービスの「量」の観点から GDP を計測します。それに対して，名目 GDP は「貨幣単位」で GDP を計測します。財・サービスの価格はしばしば変化するため，価格に生産量を乗じた財・サービスの価値は，その変動の影響を受けます。実質 GDP は，そのような価格の変化による価値の変化の影響を取り除くことで，時間を通じて（この例では，2022 年から 2023 年にかけて）生産活動の「量」がどれだけ変化したかを測ります。

　財・サービスの量に着目することで，この経済の人々がどれだけの財・サービスを消費できるのかを測ることができます。上の例では，2022 年と 2023 年のいずれの年も，200 万トンのパンが消費可能であるという点で相違ありません。そのことを，実質 GDP に変化がないことで捉えることが可能になります。

1.6 三面等価の原則 --------------------------

　これまで生産活動の量を測るという視点から，国内総生産（GDP）について説明しました。ここでもう一度フロー循環図に戻って，改めて GDP について考えます。

■ 生産面から見た GDP と支出面から見た GDP

　まず，GDP は，経済において生産されるすべての最終財の価値額に一致しました。これを生産面から見た GDP と呼びます。これは，フロー循環図（図 1-2）において，財市場で家計から企業に対して支払われる財・サービスの対価と一致します。そのような対価の額は，家計による財・サービスに対する支出に相当します。したがって，経済における生産額と支出額は一致します。

　図 1-2 において示したフロー循環図は，家計と企業のみからなる単純な経済を表したものですが，現実的には，企業が最終財として生産した財・サービスは，家計だけではなく，他の企業や政府，さらには外国の経済主体（家計や企業，政府）によっても支出されることがあります。したがって，「経済における生産額と支出額が一致する」とは，ある経済において生産された財・サービスの生産額は，その経済における家計，企業，政府，さらには外国の経済主体による支出額の合計に一致することを意味します。

　このように，ある経済における家計，企業，政府，外国の経済主体による支出の合計として計算される GDP を支出面から見た GDP と呼びます。

　生産面から見た GDP と支出面から見た GDP が一致することは，次のような式で表されます。

$$Y = C + I + G + NX \tag{1.1}$$

左辺の Y は生産面から見た実質 GDP です。この後，実質 GDP はおおむね Y（産出するといった意味の Yeild に由来します）という変数で表されることを覚えておいてください。右辺は，C が消費（Consumption），I が投資（Investment），

G が政府支出（Goverment spending）, NX は純輸出（Net Export）で輸出（EX, Export）から輸入（IM, Import）を引いたものです。すなわち,

$$NX = EX - IM$$

となります。消費や投資については次講以降で詳しく説明しますが, おおむね消費と投資は民間主体によって購入された財の量を表します。消費は今年使用され財として消滅することを前提に購入されたもの, 投資は来年以降に生産のために利用するために購入されたものを表します。政府支出は政府が購入した財の量, 輸出は海外の主体が購入したもの, 輸入は海外の財を国内の主体が購入したものを表します。

■ 在 庫 投 資

　ここで（1.1）式の意味を考えましょう。左辺の Y は定義によって, この国（例えば日本）で今年1年間に生産された財の量です。図1-3 に表したように, 一般に消費 C, 投資 I, 政府支出 G には, それぞれ海外で生産された財を購入した分が含まれます。輸出 EX については, 日本からの輸出であるという前提ですので, すべて日本で生産された財と考えてよいでしょう。最後に C, I, G に含まれる輸入財を輸入 IM ですべて引くことで, 左辺と右辺は一致します。（1.1）式は, 生産された財の量は購入された財の量に等しい

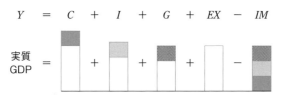

$$Y \quad = \quad C \quad + \quad I \quad + \quad G \quad + \quad EX \quad - \quad IM$$

実質 GDP $=$ 　$+$　$+$　$+$　$-$

C, I, G には, 一部輸入品（国外で生産された財・サービス）が含まれる
■■■ の量
EX（輸出）は国内で生産された財・サービスを表す
IM（輸入）を控除することで等式が成立する

図1-3　支出面から見た GDP

という意味で，生産面から見た GDP と支出面から見た GDP が等しいといえます。

　ここで，疑問がわきます。生産したけれど売れ残ってしまったものがあった場合，この「生産された財の量は購入された財の量に等しい」という言明は成り立たないのではないでしょうか？　これはその通りです。このような生産したけれど売れ残ってしまった財を在庫投資と呼び，生産した企業が来年売るために自ら購入したと考え，投資 I に算入します。このような概念の整理（日常用語と異なるので注意が必要です）によって，(1.1) 式は等号で成立することが保証されます。

■ 分配面から見た GDP

　最後に，図 1-2 のフロー循環図の生産要素市場の部分に注目してください。企業は，労働市場を通じて労働の対価である賃金を，資産市場を通じて資本の対価である利子・配当を家計に対して支払います。家計から企業に支払われた財・サービスの対価は，すべて労働および資本の対価として家計に支払われると考えると，労働の対価も資本の対価も家計にとっての所得であることから，生産額＝支出額は，所得額とも一致します。ある経済におけるすべての経済主体の所得の合計として計算される GDP を所得面（分配面）から見た GDP と呼びます。

　以上から，マクロ経済全体では，生産面，支出面，所得面から見た GDP はすべて等しくなることがわかります。これは GDP の三面等価の原則と呼ばれます（図 1-4）。このような考え方から，毎年 GDP が計算されており，それを国民所得勘定といいます。

　後に続く講においては，実質 GDP を Y で表します。Y の定義について疑問を持つことがあった場合は，必ず本講に戻って確認するようにしてください。

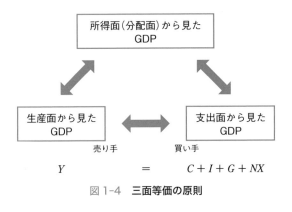

図1-4 三面等価の原則

■ Active Learning

問題１：フロー循環図　太郎はパン工場で働いている。働いて得た給料から，パンを購入し，残りは銀行に預金している。パン工場は，銀行からお金を借り入れて，生産に必要な機械設備を購入している。このような経済における財・サービスや生産要素，お金の流れをフロー循環図に描きなさい。

問題２：名目GDPと実質GDP　農家，製粉会社，製パン会社から構成される以下のような経済を考える。農家は中間投入なしで小麦を生産し，製粉会社は農家が生産した小麦を購入し小麦粉を生産する。製パン会社は製粉会社が生産した小麦粉を購入しパンを生産する。家計は製パン会社が生産したパンを購入し消費する。

(1) 2022年における各財の１単位当たりの価格と生産量が以下の表で与えられるとき，生産財の価値・中間財の価値・付加価値に関する下表の空欄を埋め，この年の名目GDPを求めなさい。

	価　格	生産量
小　麦	18	50
小麦粉	80	30
パ　ン	275	20

	生産の価値	中間財の価値	付加価値
小 麦			
小麦粉			
パ ン			
計			

(2) 2023年における各財の1単位当たりの価格と生産量が以下の表で与えられるとき，2023年の名目GDPと2022年を基準年とする場合の実質GDPを求め，それらを比較しなさい。

	価 格	生産量
小 麦	36	50
小麦粉	160	30
パ ン	350	20

(3) (1)のケースで，製パン会社は，小麦粉に加えて外国から輸入した1,000だけの石油を中間財として投入し，パンを生産するとしよう。この場合，2022年の名目GDPはどのように変化するだろうか。

問題3：支出面から見たGDP　ある経済では，国外で生産された財・サービスを含んだ消費額が328兆円，投資額が126兆円，政府支出が156兆円であったが，そのうちの消費と投資については，それぞれ48兆円，16兆円が国外で生産された財・サービスの額に相当することがわかっている。いま，輸出額が80兆円，輸入額80兆円であるとき，この経済における実質GDPを求めなさい。

第 2 講
財市場①：45 度線

■前講では，一国の経済全体を把握するための指標として，国内総生産（GDP）について学びました。マクロ経済学では，GDP の長期的な水準（経済成長）を決める要因と中短期的な変動（景気循環）に影響を与える要因を区別して捉えます。第 2 講から第 12 講では主に後者の GDP の中期的・短期的な変動について扱う，ケインズ派マクロ経済モデルを学びます。前講でも説明した通り，マクロ経済モデルにおける市場は，財市場・資産市場・労働市場の 3 つの市場から成り立ちますが，本講では，まず，財市場のみに焦点を当てて，GDP の決定について考えます。

2.1 有効需要の原理----------------------------

　有効需要の原理とは，生産水準が需要によって決定されるとする考え方です。これは，英国の経済学者ケインズ（J. M. Keynes）が自身の著書『雇用・利子および貨幣の一般理論』（1936 年）の中で提唱した考え方で，現代のマクロ経済学の基礎となっているケインズ経済学で中心的な役割を果たす概念です。

　有効需要の原理では，企業が毎期どれだけ生産するかは，その時々の需要に応じて決まるものと考えます。すなわち，需要が多くなればそれに応じて生産（供給）も増加し，逆に，需要が少なくなればそれに応じて生産（供給）も減少します。有効需要の原理によると，GDP の短期的な変動は，需要の増減によって引き起こされていることになります。需要の増加によってGDP が増加し，逆に，需要の減少によって GDP が減少していると考えます。

2.2 総需要

前講で学んだ GDP の三面等価の原則によると，支出面から見た GDP（国内総支出）は，消費，投資，政府支出，純輸出の総和として，以下のように定義されました。

$$Y^D = C + I + G + NX$$

ここで，Y^D は支出面から見た GDP，C は消費，I は投資，G は政府支出，NX は純輸出を表します。この支出面から見た GDP が，総需要を構成し，Y^D で表します（D は需要（Demand）を意味します）。本講では，議論を簡単にするために，海外との貿易が行われない閉鎖経済を仮定します[1]。このとき $NX = 0$ となるため，総需要は以下のように表されます。

$$Y^D = C + I + G \tag{2.1}$$

■ 消 費

消費 C は，GDP の構成要素の中で，最も大きな割合を占める支出項目です。例えば，日本の GDP のうち消費の占める割合はおよそ 6 割です[2]。

消費は，様々な要因によって変化しますが，ここでは消費に最も大きな影響を与えるのは所得であると仮定します。このような消費と所得の関係は消費関数と呼ばれ，以下のように表します。

$$C = C(Y - T) \tag{2.2}$$

ここで，Y は所得，T は租税を表します。所得から租税を差し引いた $Y - T$ は可処分所得と呼ばれます。(2.2) 式は，消費 C が可処分所得 $Y - T$ に依存することを意味します。

1　講末の **Active Learning 問題 2** では，海外との貿易があるケースにおける GDP の決定について考えます。
2　例えば，2021 年度における日本の実質 GDP 541 兆円のうち，消費（民間最終消費支出）の総額は 289 兆円で，その割合は 53.4% でした。

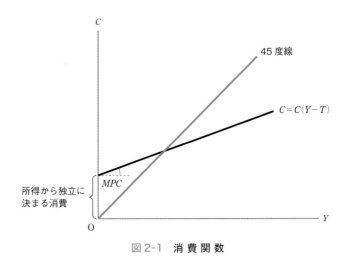

図 2-1　消費関数

　図2-1は，(2.2) 式の消費関数を，縦軸に消費 C，横軸に所得 Y をとった平面に図示したものです。消費関数に加えて，原点を通る傾き1の直線（45度線と呼びます）も描かれています。消費関数は，消費 C と可処分所得 $Y-T$ の関係を一般的な形で表したものですが，いくつかの仮定が置かれていることに注意してください。

　まず，消費関数の傾きは「0よりも大きく1よりも小さい」と仮定します。これは，所得 Y が増えるにつれて消費 C も増加しますが，Y の増加ほどは C が増えないことを意味します。このため，図の中で，消費関数の傾きが45度線より緩やかになっていることが確認できます。この消費関数の傾きを限界消費性向（Marginal Propensity to Consume）と呼び，MPC（$0 < MPC < 1$）で表します。限界消費性向は，所得が追加的に1単位増えたときの消費の増加分を表します。

　2点目として，消費関数の縦軸切片は，正の値をとるものと仮定します。これは可処分所得には依存しない（すなわち，所得から独立に決まる）消費の大きさを表します。このような2つの特徴を持つ消費関数をケインズ型消費関数と呼びます。

消費関数から，所得（可処分所得）がある水準に与えられると，それに応じた消費の大きさがわかります。特に，ある一定の可処分所得に対する消費の割合 $C/(Y-T)$ を平均消費性向と呼びます。図表からも明らかなように，所得（可処分所得）が大きくなるにつれて消費は増加しますが，限界消費性向が1よりも小さいため，消費の増加の程度は所得の増加の程度よりも小さくなります。したがって，平均消費性向は所得の増加に伴って次第に小さくなるという性質を持ちます[3]。

消費関数を別の側面から考えてみましょう。限界消費性向 MPC は1より小さいと仮定しました。これは所得の増加分のすべてが消費に回されるわけではないからです。消費に回されない分の所得は貯蓄されます。つまり，可処分所得 $Y-T$ から消費 C を差し引いた残り分を貯蓄 S（Saving）と置くと，(2.2) 式より

$$S = (Y-T) - C(Y-T) = S(Y-T) \qquad (2.3)$$

と書くことができます。(2.3) 式は貯蓄関数と呼ばれます。消費関数と同様に，貯蓄関数の傾きは限界貯蓄性向（Marginal Propensity to Save）と呼ばれます。限界貯蓄性向を MPS で表すと，MPS と MPC の間には，$MPC+MPS=1$ という関係が成り立っています。つまり，1単位の所得の増加分は，追加的な消費の増加分と貯蓄の増加分の和となります。

また，ある一定の可処分所得に対して，それに対応する貯蓄の割合 $S/(Y-T)$ を平均貯蓄性向と呼びます。(2.3) 式の両辺を $Y-T$ で割ると，平均貯蓄性向は次のように書くことができます。

$$\frac{S}{Y-T} = 1 - \frac{C}{Y-T}$$

すなわち，平均貯蓄性向と平均消費性向の和も1となります。また，右辺の平均消費性向は所得の増加とともに減少する性質を持っているため，平均貯蓄性向は所得の増加とともに増加するという性質を持ちます。

3　特に，租税 T がゼロの場合，平均消費性向は C/Y となります。これは図2-1において，原点と消費関数上の点を結んだ直線の傾きに等しくなります。図からも明らかですが，この傾きは Y の増加につれて小さくなるため，平均消費性向も Y の増加に伴って小さくなっていくことがわかります。

■ 投　資

　投資 I は，消費 C と比べると，GDP に占める規模は小さいですが，消費の変化が安定的であるのに対して，投資はその時々の経済状況に応じて大きく変化するという特徴を持っています[4]。投資は景気の変動など様々な要因によって大きく変化します。その中でも，資産市場における利子率などの要因に大きな影響を受けることが知られています。

　しかしながら，財市場のみに焦点を当てる本講では，資産市場における要因が投資に与える影響は考えません。すなわち，本講では，投資 I はある一定の水準に与えられている外生変数であると考えます。次講では，投資 I はモデルで決まる内生変数として扱います。

■ 政 府 支 出

　マクロ経済を分析する場合に，政府の活動を無視して考えることはできません。近年の日本の GDP において政府支出（政府最終消費支出や公的固定資本形成と呼ばれる項目など）の占める割合は 20% を上回る大きさです[5]。政府はこのような支出を行う一方で租税を課しています。

　このような租税について，消費関数（2.2）式で T を用いて表しました。政府支出 G および租税 T はともに，政府によって政策的に決定される変数であるため，ここでは民間投資 I と同じように，ある一定の水準に与えられているものと考えます。

■ 総 需 要

　以上の点を考えると，一国の経済における総需要は，（2.1）式の消費関数を用いて，以下の式で表されます。

$$Y^D = C(Y-T) + I + G \qquad (2.4)$$

これを縦軸に総需要 Y^D，横軸に所得 Y をとった平面に図示したものが図

4　例えば，2021 年度における日本の実質 GDP 541 兆円のうち，投資（民間住宅・民間企業設備・民間在庫変動）の総額は 107 兆円で，その割合は 19.8% でした。

5　例えば，2021 年度における日本の実質 GDP 541 兆円のうち，政府支出（政府最終消費支出・公的固定資本形成・公的在庫変動）は 145 兆円で，その割合は 26.8% でした。

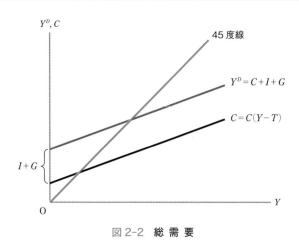

図 2-2　総　需　要

2-2 です。この図から，総需要は消費関数を縦軸方向に $I+G$ だけ平行移動したグラフであることが確認できます。

2.3　財市場における GDP の決定--------------

■ 均衡 GDP の決定

それでは GDP は財市場においてどのような水準に決まるのでしょうか。結論からいうと，GDP は，財市場が均衡するような水準に決定されます。「財市場が均衡する」とは，総需要と総供給が等しくなることです。

総需要は上の（2.4）式で表した通りです。一方，総供給は一国経済において生産された財・サービスの市場価値（付加価値）の大きさ（生産面から見た GDP に相当します）です。これを Y で表します。

したがって，財市場の均衡条件は

$$Y = Y^D \tag{2.5}$$

となります。（2.4）式を（2.5）式に代入すると

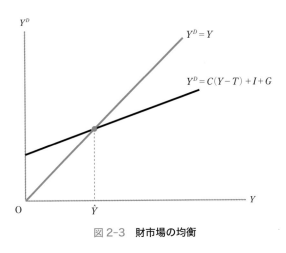

図2-3　財市場の均衡

$$Y = C(Y - T) + I + G \tag{2.6}$$

となります。つまり，(2.6) 式を満たすような Y が財市場を均衡させる GDP の水準です。

　(2.6) 式において，右辺の消費関数における Y は所得（所得面（分配面）から見た GDP に相当します）を表しています。これが，生産された財・サービスの市場価値を表す左辺の総供給 Y と等しくなるのは，GDP の三面等価の原則によります。したがって，(2.6) 式を満たすような Y が財市場を均衡させる GDP を表すことになります。これを均衡 GDP と呼び，$\hat{Y}$（Y ハットと読みます）で表します。

　これを図で確認しましょう。数学的には，均衡 GDP $\hat{Y}$ は，総需要を表す (2.4) 式と財市場の均衡条件を表す (2.5) 式を連立方程式として解くことで得られます。これは縦軸に総需要 Y^D，横軸に総供給 Y をとった平面を考えると，(2.4) 式と (2.5) 式を表す直線の交点に対応しています。総需要を表す直線 (2.4) 式は図 2-2 で描きました。

　一方，財市場の均衡条件を表す (2.5) 式は，傾きが 1 の直線，すなわち 45 度線です。(2.4) 式を図示した図 2-2 において，(2.5) 式を描き加えたも

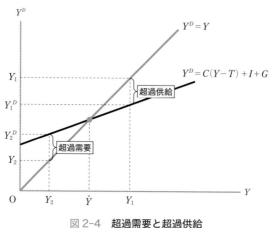

図 2-4　超過需要と超過供給

のが，図 2-3 です。両直線の交点が財市場を均衡させる GDP である $\hat{Y}$ です。所得（総供給）Y が $\hat{Y}$ のとき，総需要 Y^D も $\hat{Y}$ に等しくなっていることがわかります。

　Y が $\hat{Y}$ に等しくない場合には，財市場で何が起きているのでしょうか。図 2-4 を見てください。まず，Y が $\hat{Y}$ よりも大きい Y_1 とき，総供給 Y_1 が総需要 Y_1^D に比べて大きくなっています。つまり財市場では超過供給が発生しています。

　逆に，Y が $\hat{Y}$ よりも小さい Y_2 とき，総需要 Y_2^D が総供給 Y_2 に比べて大きい，すなわち，財市場では超過需要が発生しています。超過供給も超過需要も発生しない（すなわち，財市場が均衡する）のは，Y が $\hat{Y}$ に等しい場合のみであることがわかります。

■ GDP の三面等価の原則と財市場の均衡

　第 1 講で学んだ GDP の三面等価の原則によると，国民所得上は，生産面から見た GDP と支出面から見た GDP は常に等しくなります。つまり総生産は常に総需要と等しくなります。数学的には，$Y \equiv C + I + G$ が常に成立していることを意味します。

ところが，上でも述べたように，財市場で総需要と総供給が等しくなるのは GDP が $\hat{Y}$ の場合のみです。Y が $\hat{Y}$ に等しくない場合には，三面等価の原則は成立していないのでしょうか。

実は，国民所得勘定における三面等価の原則は，会計上の観点から成立する関係です。国民所得勘定では，市場が均衡しているかどうかにかかわらず，実際に生じた取引を事後的に記録します。このため国民所得勘定上は，財市場が均衡しているかどうかにかかわらず，生産（供給）されたものは，事後的にすべて支出（需要）されたものと見なします。つまり，総需要 $Y^D = C + I + G$ は，総供給 Y が事後的にすべて支出されたものとして扱います。それに対して，上の説明での $\hat{Y}$ は，総需要と総供給が等しくなるような Y の水準であり，必ずしも事後的に支出されたと見なされる総需要とは一致しません。

もう一度図 2-4 を見てください。所得（総供給）が $\hat{Y}$ のとき，その下での総需要も $\hat{Y}$ となるため，三面等価の原則は成立しています。一方，所得（総供給）が Y_1 のとき，その下での総需要 Y_1^D は Y_1 を下回っています（超過供給）。供給が需要を上回っているため，企業は在庫ストックの積み増しを行います。ストックとは，ある一時点において貯蔵されている量を意味します。在庫ストックの積み増しはプラスの在庫投資であるため，超過供給の分だけ総需要は大きくなります。その結果，事後的な意味での総需要は Y_1 となります。

逆に，所得（総供給）が Y_2 のとき，超過需要が生じ，在庫ストックの取り崩しが行われます。在庫ストックの取り崩しは，マイナスの在庫投資であるため，超過需要の分だけ総需要は小さくなります。その結果，事後的な意味での総需要は Y_2 となります。やはり，三面等価の原則は成立していることがわかります。

所得が Y_1 で，超過供給が発生し，在庫ストックの積み増しが行われると，生産者は次の期には，生産を縮小するものと考えられます。このため，Y_1 は $\hat{Y}$ へと近づいていきます。逆に，所得が Y_2 で，超過需要が発生し，在庫ストックの取り崩しが行われると，生産者は次の期には，生産を拡大させるものと考えられます。したがって，やはり，Y_2 は $\hat{Y}$ へ近づいていきます。

つまり，GDP が均衡水準 $\hat{Y}$ に等しくない場合には，企業による生産調整が行われ，結果として GDP は $\hat{Y}$ へ近づきます。このような場合，均衡 GDP $\hat{Y}$ は安定的であるといいます。

2.4　乗 数 効 果------------------------------------

　財市場を均衡させる GDP の水準は（2.6）式で与えられます。（2.6）式からもわかるように，均衡 GDP $\hat{Y}$ は，投資 I，政府支出 G，租税 T の変化に影響を受けます。それらの変化が均衡 GDP $\hat{Y}$ をどのように変化させるかについて考えましょう。

■ 投資増加の効果

　（2.6）式は，投資，政府支出，租税がそれぞれ特定の水準 I, G, T に与えられた場合に，財市場を均衡させるような GDP $\hat{Y}$ の大きさを表しています。もう一度（2.6）式を示しておきます。

$$Y = C(Y - T) + I + G \tag{2.6}$$

右辺は総需要，左辺は総供給を表します。

　いま，政府支出 G と租税 T は一定に保ったまま，投資が ΔI だけ増加したものとします。ΔI はデルタ I と読み，Δ は増加分を表す記号です。

　（2.6）式からも明らかなように，民間投資の増加は，右辺の総需要を ΔI だけ増加させます。このときの均衡 GDP の変化分を ΔY とすると，これは，左辺の総供給とともに，右辺の総需要にも影響を与えます。

　まず，左辺の総供給は ΔY だけ変化します。一方，右辺の総需要は，第1項の消費 C が影響を受けます。所得が ΔY だけ変化するとき，消費 C は，限界消費性向 MPC に所得の変化分を乗じた $MPC \cdot \Delta Y$ だけ変化します。

　以上をまとめると，投資 I が ΔI だけ増加するとき，右辺の総需要は $MPC \cdot \Delta Y + \Delta I$ だけ変化し，左辺の総供給は ΔY だけ変化します。財市場の均衡を保つためには，両者は等しくなければなりません。すなわち，

$$\Delta Y = MPC \cdot \Delta Y + \Delta I \qquad (2.7)$$

が成り立ちます。これを ΔY について解くと，

$$\Delta Y = \frac{1}{1 - MPC} \Delta I \qquad (2.8)$$

が得られます。(2.8) 式は，投資が ΔI だけ増加するとき，均衡 GDP は $\Delta I/(1 - MPC)$ だけ増加することを意味します。特に，(2.8) の右辺の $1/(1 - MPC)$ は，投資の 1 単位の増加が均衡 GDP を増加させる程度の大きさを表しており，「乗数」(ここでは投資乗数) と呼ばれます。

　限界消費性向 MPC は 1 より小さいため，乗数 $1/(1 - MPC)$ は 1 よりも大きくなります。例えば，投資の 1 兆円の増加は GDP を 1 兆円以上増大させます。このように，投資の増加の結果，GDP がそれを上回る大きさで増加することを乗数効果といいます。

　投資 I は総需要を構成する一項目であることから，有効需要の原理によって，その増加が GDP を増加させることは自然ですが，投資の増加を上回る大きさで GDP が増加するのはどのような理由からでしょうか。結論からいえば，それは (2.7) 式の右辺第 1 項である $MPC \cdot \Delta Y$ のためです。上でも述べた通り，この項は，投資の増加 ΔI による所得の増加 ΔY が，消費 C (総需要) に与える影響の大きさを表しています。

　投資の ΔI だけの増加によって，総需要も ΔI だけ増加します。これにより総供給も同額だけ増加します。総供給の増加は所得の増加を意味するため，結果的に，この所得の増加は消費を $MPC \cdot \Delta I$ だけ増加させます。総需要の一項目である消費の増加により総供給も $MPC \cdot \Delta I$ だけ増加します。これは再び所得の増加をもたらすため，結果的に，消費が $MPC \cdot MPC \cdot \Delta I (= MPC^2 \cdot \Delta I)$ だけ増加することになります。つまり，当初の投資の増加は，所得や消費の増加をもたらします。このような波及プロセス (乗数プロセスと呼びます) は延々と続き，これらをすべて足し合わせたものが ΔY に相当します。

　以上から，投資の増加は，それ自体が有効需要を増加させるだけでなく，所得の増加を通じて消費を誘発し，最終的には $1/(1 - MPC)$ 倍の GDP の増加をもたらしてくれることがわかります。

■ 政府支出増加の効果

(2.6) 式から明らかなように，政府支出 G の増加は，投資 I の増加と全く同様に GDP に影響を与えることがわかります。

いま，民間投資 I と租税 T を一定に保ったまま，政府支出が ΔG だけ増加するとき，(2.6) 式の右辺の総需要が ΔG だけ増加します。これによる均衡 GDP の変化分を ΔY とすると，これは，左辺の総供給を ΔY だけ変化させ，右辺の総需要における消費 C を $MPC \cdot \Delta Y$ だけ変化させます。

投資増加の効果と同様に，財市場を均衡させるためには，総需要の変化分である $MPC \cdot \Delta Y + \Delta G$ と，総供給の変化分 ΔY は等しくなければなりません。したがって，

$$\Delta Y = MPC \cdot \Delta Y + \Delta G$$

が成り立ち，これを ΔY について解けば

$$\Delta Y = \frac{1}{1 - MPC} \Delta G \tag{2.9}$$

が得られます。投資と同様に，政府支出も総需要の構成項目の一つであることから，その増加は総需要を増加させるだけでなく，所得の増加を通じて消費を誘発し，最終的には GDP を $1/(1-MPC)$ 倍増加させます。つまり，政府支出の1単位の増加が均衡 GDP を増やす程度の大きさ，すなわち乗数（ここでは政府支出乗数）は，(2.8) 式の投資における乗数と同じで $1/(1-MPC)$ となります。

経済が不況に陥ることで，投資が1兆円落ち込んだとします。乗数効果によって，投資の減少を上回る規模で，GDP は $1/(1-MPC)$ 兆円だけ減少します。このような場合，政府支出を1兆円増やすことで，やはり乗数効果によって，GDP は $1/(1-MPC)$ 兆円だけ増加し，投資の落ち込みによる GDP の減少分を打ち消してくれます。つまり，政府支出を増加させる政策によって GDP を安定化させることが可能になります。このような政策を景気安定化政策と呼びます。

■ 租税政策の効果

　政府は，政府支出 G だけでなく，租税 T の増減によっても，総需要に影響を与えることができます。

　いま，投資 I と政府支出 G を一定に保ったまま，政府が，租税を ΔT だけ増加させた(増税政策と呼びます)とします。まず，増税は，消費関数の中の可処分所得 $Y-T$ を ΔT だけ減少させます。可処分所得の ΔT だけの減少は，(2.6)式の右辺において総需要における消費 C を $MPC \cdot \Delta T$ だけ減少させます。

　これによる均衡 GDP の変化分を ΔY とすると，これは，左辺の総供給を ΔY だけ変化させ，右辺の総需要における消費 C を $MPC \cdot \Delta Y$ だけ変化させます。財市場の均衡を保つためには，総需要の変化分である $MPC \cdot \Delta Y - MPC \cdot \Delta T$ と，総供給の変化分 ΔY は等しくなければなりません。したがって

$$\Delta Y = MPC \cdot \Delta Y - MPC \cdot \Delta T$$

が成り立ち，これを ΔY について解けば

$$\Delta Y = \frac{MPC}{1-MPC}\Delta T \tag{2.10}$$

が得られます。(2.10) 式は，租税が ΔT だけ増加すると GDP が $MPC/(1-MPC)$ 倍減少することを意味します。つまり，増税は均衡 GDP の減少をもたらし，その場合の乗数は $-MPC/(1-MPC)$ となります。

　ΔT だけの増税によって，消費（すなわち，総需要）は，$MPC \cdot \Delta T$ だけ減少します。これにより総供給（すなわち，所得）も同額だけ減少します。所得が $MPC \cdot \Delta T$ だけ減少すると，消費（すなわち，総需要）は $MPC \cdot MPC \cdot \Delta T$ （ $= MPC^2 \cdot \Delta T$ ）だけ減少します。これは，再び，総供給（すなわち，所得）の同額だけの減少をもたらすため，消費がさらに $MPC \cdot MPC^2 \cdot \Delta T$ （ $= MPC^3 \cdot \Delta T$ ）だけ減少することになります。つまり，当初の増税は，所得や消費の減少をもたらし，このような乗数プロセスすべて足し合わせたものが，この場合の ΔY に相当します。

　逆に，ΔT だけの減税が行われた場合には（すなわち $-\Delta T$ として考えます），符号が逆転し，乗数は $MPC/(1-MPC)$ となります。つまり，1 兆円の減税（ $-\Delta T$ ）が行われると，均衡 GDP は $MPC/(1-MPC)$ 倍増加します。1 兆円

の減税と1兆円の政府支出の増加は，財政収支の観点からは，両者ともに政府が利用可能な税源を1兆円減らすという意味で同等であるといえますが，(2.9) 式と (2.10) 式を比べると乗数効果（GDP に与える影響）は異なることがわかります。特に，限界消費性向 MPC は1よりも小さいと仮定されているため，減税の乗数 $MPC/(1-MPC)$ は，政府支出乗数 $1/(1-MPC)$ よりも小さくなります。つまり，乗数効果の観点からは政府支出を増加させる政策の方が望ましいといえます。

　ところで，租税は政府が何らかの支出を行うための財源として徴収されるものです。このため，政府支出を増やす場合には，同額の増税を同時に実施することで，その財源をまかなうべきである（つまり国債を発行すべきではない）とする考え方（均衡予算）があります。

　政府支出の ΔG だけの増大を同額の増税 $\Delta T = \Delta G$ によってまかなう場合の乗数はどうなるでしょうか。つまり，ΔG だけの政府支出の増加と $\Delta T = \Delta G$ だけの増税が同時に行われる場合の乗数は，(2.9) 式，(2.10) 式および $\Delta G = \Delta T$ を用いると

$$\Delta Y = \frac{1}{1-MPC}\Delta G - \frac{MPC}{1-MPC}\Delta T = \Delta G$$

と書けます。つまり，政府支出の増加が同額の増税によって行われるとき，それらと同額だけの GDP が増大します。すわなち，均衡予算による乗数効果は1となります。これを均衡予算乗数の定理と呼びます。

2.5　税収が所得に依存する経済------------------

　現実の経済においては，税収 T は，政府支出 G と異なり，政府が完全にコントロールできる変数ではありません。むしろ与えられた税率の下で，税収は所得に依存して決まるケースの方が多いといえます。

　税収のこのような側面を考慮して次のような税関数を考えます。

$$T = T(Y) \tag{2.11}$$

（2.11）式は，税収 T が所得 Y に依存して変化することを意味します。特に，消費関数と同じように，所得 Y が増えると税収 T は増やしますが，Y の増加ほどは増えないものと仮定します。これは，縦軸に T，横軸に Y をとった平面に，（2.11）式の税関数を描いた場合に，その傾きが，正であり，1 より小さくなることを意味します。この税関数の傾きを限界税率（Marginal Tax Rate）と呼び，MT（$0<MT<1$）で表します。限界税率 MT は，所得が追加的に 1 単位増えたときの税収の増加分を表します。

　このような税関数を考えた場合の乗数について考えます。まず，税関数（2.11）式を（2.6）式に代入すると

$$Y = C(Y - T(Y)) + I + G$$

となります。

　いま，投資 I と政府支出 G を一定に保ったまま，政府が，租税を ΔT だけ増加させたとします。これは，上式の右辺の消費関数の中にある可処分所得 $Y - T$ を ΔT だけ減少させます。可処分所得の ΔT だけの減少は，右辺の総需要における消費 C を $MPC \cdot \Delta T$ だけ減少させます。これによる均衡 GDP の変化分を ΔY とすると，これは，左辺の総供給を ΔY だけ変化させ，右辺の総需要に関しては，可処分所得 $Y - T(Y)$ を $\Delta Y - MT \cdot \Delta Y$ だけ変化させることで，消費を $MPC \cdot (\Delta Y - MT \cdot \Delta Y) = MPC \cdot (1 - MT) \Delta Y$ だけ変化させます。財市場の均衡を保つためには，総需要の変化分と総供給の変化分は等しくなければならないため，

$$\Delta Y = MPC(1 - MT)\Delta Y - MPC \cdot \Delta T$$

が成り立ちます。これを ΔY について解くと

$$\Delta Y = -\frac{MPC}{1 - MPC(1 - MT)}\Delta T \qquad (2.12)$$

が得られます。この式から，税収が所得に依存する場合の乗数は $-MPC/[1 - MPC(1 - MPC)]$ となることがわかります。限界税率 MT は $0<MT<1$ であるため，この場合の乗数は，税収が所得に依存しない場合の乗数 $MPC/(1 - MPC)$ と比較して小さくなります。

上でも説明した通り，乗数効果が小さいということは，投資や政府支出などが変化したとき，それにより生じる GDP の変化も小さいことを意味します。すなわち，税収が所得に依存して変化する税体系を持つ経済では，好況時において投資が増加したことによる GDP のプラス効果は，それがない経済に比べて小さくなります。しかしながら，これは，逆に，不況時において投資が落ち込んだことによる GDP のマイナス効果も，それがない経済に比べて小さいことを意味します。

つまり，税収が所得に依存するような税体系を整備することで，好況時や不況時における総需要の変化に対して，景気安定化策を実施しなくても，ある程度は経済を安定化させることが可能になります。日本だけでなく多くの国々における税体系は，このような自動安定化作用（ビルトイン・スタビライザーといいます）の機能を持つものと考えられます。

■ Active Learning

問題 1：均衡 GDP　ある経済における消費関数が $C = 0.5(Y-T) + 20$ と表され，投資が $I = 15$，政府支出が $G = 20$，租税が $T = 40$ であるとする。

(1)　財市場における均衡 GDP を求めなさい。

(2)　政府支出が追加的に 10 だけ増加したときの均衡 GDP の増加分を求めなさい。

(3)　(2)と同規模の GDP の増加を減税政策によって実現するには，T をどれだけ減少させればよいか。

(4)　いま T が $T = 0.1Y + 10$ のように与えられるとき，(2)と同規模の GDP の増加を実現するために必要な減税分は，(3)と比べて，どのように変化するだろうか。

問題 2：開放経済における均衡 GDP　ある経済における消費関数が $C = 0.9(Y-T)$ $+ 30$ と表され，投資が $I = 40$，政府支出が $G = 40$，租税が $T = 40$，輸出が $EX = 40$，輸入が $IM = 0.2Y + 30$ であるとする。

(1)　この国が海外と取引を行わない閉鎖経済であるとき，財市場における均衡 GDP を求めなさい。

(2)　(1)において，投資が追加的に 15 だけ増加したときの均衡 GDP の増加分を

求めなさい。

(3) この国が海外と取引を行う開放経済であるとき，財市場における均衡GDPを求めなさい。

(4) (3)において，投資が追加的に15だけ増加したときの均衡GDPの増加分を求めなさい。国内投資の増加によるGDP増加は，開放経済と閉鎖経済でどのように異なるだろうか。

● Point Check　ケインズ派マクロ経済モデル

財市場の均衡
$$Y = C + I + G \qquad \text{(K1)}$$

消費関数（消費と所得の関係）
$$C = C(\overset{\oplus}{Y - T}) \qquad \text{(K2)}$$

IS 曲線
$$I(\overset{\ominus}{i}) = S(\overset{\oplus}{Y - T}) + (T - G) \qquad \text{(K : IS)}$$

投資関数（投資と利子率の関係）
$$I = I(\overset{\ominus}{i}) \qquad \text{(K3)}$$

LM 曲線（貨幣市場の均衡）
$$\frac{M}{P} = L(\overset{\oplus}{Y}, \overset{\ominus}{i}) \qquad \text{(K4)}$$

フィッシャー方程式
$$r = i - \pi^e \qquad \text{(K5)}$$

実質賃金
$$w = \frac{\overline{W}}{P} \qquad \text{(K6)}$$

労働量
$$N = N^D(w) \qquad \text{(K7)}$$

生産関数
$$Y = F(\overline{K}, N) \qquad \text{(K8)}$$

この講では，(K1) と (K2) について説明しました。

各変数の上の $\oplus$・$\ominus$ は，例えば (K2) では C が $Y - T$ の増加関数（$\oplus$）であることを，(K3) では I が i の減少関数（$\ominus$）であることを表しています。

第3講
財市場②：IS 曲線

■前講では，投資 I を外生的な変数として扱いました。例えば，投資は〇兆円といった一定の値をとるものと仮定し，財市場における均衡を考えました。ところが，投資は，好景気には大きく増加し，景気が悪化すると大きく落ち込む変動の大きな変数として知られています。本講では，投資の大きさに影響を与える要因として利子率を考え，投資を内生化（モデル内で決まる変数）することで，前講のマクロ経済モデルを精緻化します。

3.1　投資と利子率----------------------------------

　投資の決定について詳しく考えます。民間投資は通常企業によって支出されます。まず，企業は，このような投資をどのようにして決めるのかについて考えてみましょう。

■ 資本の限界効率表
　合理的な企業が投資を行うかどうかを決める場合，投資を実行することで得られる便益とその費用を比較し，前者が後者を上回る場合に投資を実行するものと考えられます。ここで，投資を実行することで得られる便益とは，投資による収益です。

　いま，ある企業が新たに機械設備を導入することを検討しているとしましょう。機械設備の金額は1台1億円であり，それを導入することで得られると予想される収益率（予想収益率）が機械設備の導入台数に応じて異なってくるとします。1台目の機械設備を導入することで得られる予想収益率は

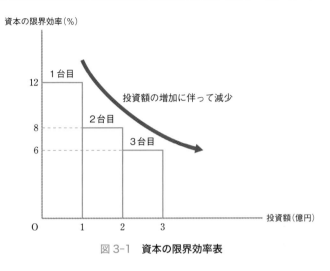

図 3-1　資本の限界効率表

12%であるとし，2台目は8%，3台目は6%であるとします。このようなとき，追加的な1億円の投資（1台の機械設備の購入）による予想収益率のことを，資本（投資）の限界効率と呼び，投資プロジェクトを予想収益率の高いものから順に並べたものを資本の限界効率表と呼びます。図3-1は，この場合の資本の限界効率表を表したものです。資本の限界効率は，投資額の増加に伴って減少することがわかります。

■利子率

　一方で，投資を実行することで支払うコストは何でしょうか。

　企業が投資を行うためには資金が必要です。例えば，投資に必要な資金を銀行から借り入れる場合には，借入金（元本）の返済に加えて，金利（借入金利）を支払わなければなりません。社債を発行して資金調達する場合には，発行時の約定金利を支払う必要があります。また，株式発行により投資資金を調達する場合にも株主に対する配当金などが費用としてかかります。

　借入や社債・株式発行などを行わず，手持資金（内部留保）を使う場合にも費用はゼロにはなりません。もし手持資金を投資に使わずに金融市場で運

用すれば利子を得ることができます。すなわち，投資を手持資金で行うことの費用（機会費用）は市場の利子率になります。マクロ経済学ではこのような金利をひとまとめにして利子率（interest rate）と呼びます。企業が投資を行う際の費用は市場の利子率です。

■ 投資額の決定

　図3-1のような資本の限界効率表に直面する企業は，どのように投資を決定するのでしょうか。いま，企業にとっての投資の費用を表す市場の利子率が8％であったとしましょう。このとき，この企業にとっての最適な投資額はいくらになるでしょうか。

　図3-2で確認しましょう。1台目の機械設備の購入は，予想収益率が利子率を上回るので，実施すべきです。他方，予想収益率が6％と最も低い3台目の機械設備の購入は，実施すべきでありません。2台目については，利子率と予想収益率とが一致しているので企業にとって投資するかしないかは無差別となります。

　したがって，利子率が8％の場合の最適な投資額は，2台の機械設備の導

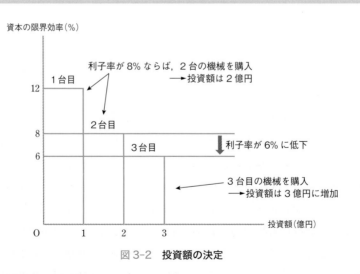

図3-2　投資額の決定

入の投資額の合計である2億円となります。すなわち，最適な投資額は，資本の限界効率が利子率に等しくなるような水準に決まります。

　それでは，市場の利子率が8%から6%へ低下したときには，企業にとって最適な投資額はどうなるでしょうか。1台目と2台目については，利子率が低下する前と同様に，予想収益率が利子率を上回っているため，投資を行うことが最適です。3台目については，利子率が6%に低下したことにより，投資を実行することとしないことが無差別となります。

　すなわち，利子率が6%の場合の最適な投資額は3台の機械設備の導入の投資額の合計である3億円となります。以上から，投資は利子率の減少関数となることがわかります。

3.2　投 資 関 数 ------------------------------------

　以上の議論を踏まえて，投資 I と利子率 r の関係を以下のような形で定式化します。

$$I = I(r)$$

図3-3は，上の投資関数を縦軸に利子率 r，横軸に投資 I をとった平面に図示したものです。投資は利子率の減少関数であることから，投資関数は右下がりとなることがわかります。

　投資関数の傾きは，利子率の変化に対する投資の反応の大きさを表します。例えば，利子率がわずかに低下しただけでも，投資が大きく増加するとき，投資関数の傾きは緩やかになります。反対に，利子率が大きく上昇しても，投資がほとんど減少しないとき，投資関数の傾きは急になります。

　投資関数は投資 I と利子率 r の右下がりの関係を表しますが，この場合の利子率 r は，実質利子率（real interest rate）を表しています。**第1講**では，GDPには，物価の影響を考慮しない名目GDPと物価の影響を考慮した実質GDPの2種類があることを学びました。利子率についても同様で，物価の影響を補正しない名目利子率（nominal interest rate）と物価の影響を補正した

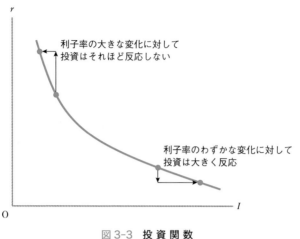

図 3-3 　投 資 関 数

実質利子率の 2 種類があります。

　投資家にとって重要なのは，投資を行う上での「実質的」なコスト（すなわち，実質利子率）です。したがって，投資関数における r は実質利子率を表すことになります。

　名目利子率を i で表すと，i と r の間には以下のような関係があります。

$$r = i - \pi^e$$

ただし，π^e は期待物価上昇率を表します[1]。すなわち，実質利子率 r は，名目利子率 i から期待物価上昇率 π^e を引いたものになります。前講でも説明した通り，**第 2 講**から**第 9 講**では経済の短期的な変動について考えます。このため，物価は一定であると仮定します。このとき，期待物価上昇率 π^e はゼロとなり，実質利子率 r と名目利子率 i は等しくなるため，ここからは投資関数を

$$I = I(i) \tag{3.1}$$

1　この関係が成り立つ理由は，**第 4 講**で説明します。

のように表して，分析を進めます。以降では，誤解の生じない限り，名目利子率は単に利子率と呼びます。

前講では，投資Iがある一定の水準に決まっているものとして，財市場の均衡を考えました。しかしながら，上でも述べた通り，投資の水準は利子率に依存しながら変化します。この節では，そのことを考慮しながら，財市場の均衡について考えます。ただし，話を単純化するために，海外との貿易取引は考えず，租税Tは一定であると仮定して話を進めます。

■利子率の変化と財市場の均衡

まず，総需要Y^Dは，消費C，投資Iと政府支出Gの総和として表すことができました。

$$Y^D = C + I + G \tag{3.2}$$

前講と同様に，政府支出Gは一定の水準に与えられたものと考えます。消費Cは，可処分所得$Y-T$の増加関数として以下のように定式化します。

$$C = C(Y-T) \tag{3.3}$$

投資は（3.1）式で与えられていますので，（3.1）式と（3.3）式を（3.2）式に代入することで，総需要を以下のように表すことができます。

$$Y^D = C(Y-T) + I(i) + G \tag{3.4}$$

前講での議論に従えば，これに財市場の均衡条件$Y=Y^D$を代入して，Yについて解くことで均衡GDPを求めることができるはずです。しかしながら，（3.4）式における総需要Y^Dは，所得Yだけでなく，利子率iにも依存しています。したがって，利子率が特定の水準に与えられない限りは，財市場の均衡条件を用いて，均衡GDPを求めることはできません。言い換える

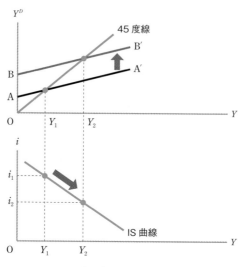

図 3-4　利子率の変化と財市場の均衡

と，投資が利子率に依存する場合，均衡 GDP の大きさも利子率に依存して
決定されることになります。

　例えば，利子率が特定の水準 i_1 に与えられているとします。このとき，
投資も特定の水準 $I(i_1)$ に決まるため，(3.4) 式は

$$Y^D = C(Y-T) + I(i_1) + G$$

となり，総需要曲線を図 3-4 の AA′ 線のように図示することができます。

　これを用いて，前講と同様にして，均衡 GDP である Y_1 を求めることが
できます。いま，利子率が i_1 から i_2 へ低下したとします。利子率の低下に
より，投資は $I(i_1)$ から $I(i_2)$ へ増加し，総需要曲線は図 3-4 の BB′ 線に上方
へシフト（移動）します。それにより，均衡 GDP は Y_2 へ増加します。すな
わち，利子率 i の低下は，財市場を均衡させる GDP を増加させることがわ
かります。逆に，利子率の上昇は，均衡 GDP を減少させます。

　以上の議論から，投資が利子率に依存する場合，財市場を均衡させる
GDP も利子率に応じて変化することがわかりました。このような，財市場

を均衡させる利子率と GDP の組み合わせを，縦軸に利子率，横軸に所得をとった平面に描いた曲線を IS 曲線といいます。

図 3-4 の下のグラフがそれにあたります。図から明らかなように，IS 曲線は右下がりとなります。すなわち，利子率の上昇は財市場を均衡させる GDP を減少させ，利子率の低下はそれを増加させることがわかります。

■ IS 曲線の意味

IS 曲線を数学的に表現してみましょう。総需要を表す（3.4）式に，財市場の均衡条件 $Y^D = Y$ を代入すると以下の式を得ることができます。

$$Y = C(Y - T) + I(i) + G \tag{3.5}$$

ここで第 2 講で定義した以下のような貯蓄関数を考えます。

$$S(Y - T) = Y - T - C(Y - T) \tag{3.6}$$

貯蓄 S は，民間部門における可処分所得と消費の差額であることから，民間貯蓄とも呼ばれます。

消費 C が可処分所得 $Y - T$ の関数であることから，貯蓄 S も可処分所得の関数となることがわかります。また，前講でも学んだ通り，限界消費性向は 1 よりも小さいことから，貯蓄 S も可処分所得 $Y - T$ の増加関数となります。

（3.6）式を用いて，（3.5）式を書き換えると以下の式を得ることができます。

$$I(\overset{\ominus}{i}) = S(\overset{\oplus}{Y - T}) + (T - G) \tag{3.7}$$

上の式が IS 曲線を表す式です。$\ominus$ は，投資 I が利子率 i の減少関数であること，$\oplus$ は，貯蓄 S が可処分所得 $Y - T$ の増加関数であることを表します。ここで，右辺の $T - G$ は租税（税収）から政府支出を差し引いたもので，財政収支を表します。この値が正（すなわち，$T > G$）の場合には財政収支は黒字となり，負（すなわち，$T < G$）の場合は赤字になります。$T - G$ は，政府部門の貯蓄であるとも考えられ，政府貯蓄と呼ばれます。

（3.7）式は，一国全体の投資 I は，民間部門における貯蓄 S と政府部門の

貯蓄 $T-G$ の合計と等しくなることを表しています。これを IS バランスと呼びます。IS 曲線は，財市場を均衡させる（すなわち，投資と貯蓄をバランスさせるような）利子率と所得の組み合わせを表します。

したがって，(3.7) 式で表される IS 曲線を図示すると，やはり，図 3-5 のような右下がりの曲線が得られます。IS 曲線上のいかなる Y と i の組み合わせも財市場を均衡させます。

3.4　IS 曲線の傾きと財市場の均衡--------------

IS 曲線が右下がりになる理由を，図 3-5 と (3.7) 式を用いながら考えてみましょう。IS 曲線を表す (3.7) 式は，財市場を均衡させるような利子率と所得の組み合わせを表します。

■ 超過供給の発生

「財市場が均衡する」とは，(3.7) 式の左辺の投資と右辺の貯蓄がバランスすることを意味します。投資は生産された財・サービスに対する「需要」を表し，貯蓄はそれらを購入するために必要な資金の「供給」を表します。

いま，図 3-5 の点 A で財市場が均衡しているとします。利子率は i_1，所得は Y_1 で表されます。この状態から所得のみが Y_1 から Y_2 へ増加したとします。このとき，租税 T や政府支出 G の値に変化がなければ，可処分所得 $Y-T$ が増加します。貯蓄 S は可処分所得の増加関数であるため，所得の増加によって (3.7) 式右辺の貯蓄（供給）が増加します。他方，左辺の投資（需要）には変化がないため，(3.7) 式の等号は成立しないことになります。具体的には，財市場において，右辺の供給が左辺の需要を上回るような超過供給が発生します。これは図 3-5 の点 C に相当します。

このような状態から，(3.7) 式の等号が回復し，財市場が再び均衡するためには，どうなればよいのでしょうか。

ここでの超過供給は，左辺の需要（投資）が右辺の供給（貯蓄）に比べて過小になることで発生していますので，左辺の投資が増加することによって，

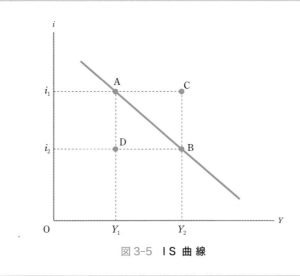

図 3-5　I S 曲 線

超過供給は解消します。投資 I は利子率 i の減少関数であるため，i が低下することが必要となります。特に，図 3-5 において，利子率が i_2 まで低下すると，十分に投資 I が増加し，その結果，（3.7）式は等号を回復することになります。これは図 3-5 において点 C から点 B への移動に相当します。点 B における所得 Y_2 と利子率 i_2 は IS 曲線上にありますので，財市場は均衡しています。点 C のような IS 曲線の右上方に位置するような所得と利子率の組み合わせは財市場で超過供給が発生する点です。

■ 超過需要の発生

それに対して，点 A において，利子率が i_1 から i_2 へ低下したとします。このとき，投資 I は利子率の減少関数のため，（3.7）式左辺の投資（需要）が増加します。他方，右辺の貯蓄（供給）には変化がないため，（3.7）式の等号は成立せず，この場合は，左辺の需要が右辺の供給を上回るような超過需要が財市場で発生します。これは図 3-5 の点 D に相当します。

このような超過需要は，右辺の供給（貯蓄）が左辺の需要（投資）に比べて過小になっていることで発生していますので，（3.7）式の等号が回復し財

市場が再び均衡するためには，所得が増加することで，右辺の貯蓄が増加する必要があります。特に，図3-5において，所得が Y_2 まで増加すると，(3.7) 式は等号を回復することになります。

これは図3-5において点Dから点Bへの移動に相当します。点Bにおける所得 Y_2 と利子率 i_2 は IS 曲線上にありますので，財市場は均衡しています。点Dのような IS 曲線の左下方に位置するような所得と利子率の組み合わせは財市場で超過需要が発生する点です。

以上のように，(3.7) 式において，投資 I が利子率 i の減少関数，貯蓄 S が可処分所得（$Y-T$）の増加関数であるという性質から，IS 曲線は右下がりであることを導くことができます。

[IS 曲線の傾き]

$$I(\overset{\ominus}{i}) = S(\overset{\oplus}{Y-T}) + (T-G)$$

$Y\uparrow$（Y が増加した）とする。$Y-T$ が増加するので $S\uparrow$（S が増加した）。
結果的に右辺が大きくなるので，そのままでは等号が不成立となる。
等号を回復するためには，左辺を大きくする必要があり，そのためには
$I\uparrow$（I が増加する）必要がある。
$I\uparrow$ のためには，$i\downarrow$（i が低下する）必要がある。

　結論：$Y\uparrow \Rightarrow i\downarrow$　（したがって，IS 曲線は右下がり）

3.5　IS 曲線のシフト

前節で見たように，IS 曲線は，財市場を均衡させる利子率と所得の組み合わせを表しています。利子率が変化すると所得は IS 曲線に沿って変化し，また，同様に所得が変化すると利子率は IS 曲線に沿って変化します。ところで，(3.7) 式を見ると，IS 曲線は，利子率と所得だけでなく，政府支出 G と租税 T にも依存します。それらの変化は，IS 曲線自体をシフトさせます。

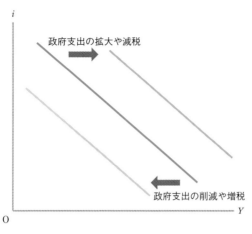

図 3-6　IS 曲線のシフト

図3-6を用いて考えましょう。いま，政府支出 G が増加したとします。これは (3.7) 式において，右辺の政府貯蓄 $(T-G)$ が減少することを意味します。このとき，利子率が変わらなければ，財市場の均衡を保つためには，右辺の貯蓄 S が増加する必要があります。

貯蓄の増加は，租税 T に変化がなければ，所得 Y の増加によってもたらされますので，政府支出の増加は，与えられた利子率に対して，財市場を均衡させる所得を増加させる方向に作用することがわかります。すなわち，政府支出の増加は，IS 曲線を右上方へシフトさせます。反対に，政府支出の削減は，IS 曲線を左下方へシフトさせます。

次に，租税 T の増加（増税政策）について考えましょう。T の増加は，可処分所得 $(Y-T)$ を減少させます。貯蓄 S は可処分所得 $(Y-T)$ の増加関数であるため，T の増加は S を減少させます。他方で，T の増加は，政府支出 G が一定であれば，政府貯蓄 $(T-G)$ を増加させます。

限界貯蓄性向が1よりも小さいことから，$S(Y-T)$ の増加は T の増分よりも小さくなるため，貯蓄 $S(Y-T)$ と政府貯蓄 $(T-G)$ の合計（すなわち，全体の貯蓄）は増加します。

つまり，T の増加により，（3.7）式において貯蓄を表す右辺が増加します。このとき，財市場の均衡を保つためには，左辺の投資も増加する必要があります。投資の増加は，利子率 i の低下によってもたらされますので，租税の増加は，与えられた所得に対して，財市場を均衡させる利子率を低下させる方向に作用することがわかります。

したがって，増税政策は，IS 曲線を左下方へシフトさせます。反対に，減税政策（租税の減少）は，IS 曲線を右上方へシフトさせます。

[IS 曲線のシフト]

$$I(\overset{\ominus}{i}) = S(\overset{\oplus}{Y - T}) + (T - G)$$

$G\uparrow$（G が増加した）とする。右辺が小さくなるので，等号が不成立となる。

ここで，i を一定と仮定する。

等号を回復するためには，右辺を大きくしなければならない。

そのためには $S\uparrow$（S が増加する）必要がある。

$S\uparrow$ のためには，$Y\uparrow$（Y が増加する）必要がある。

結論：$G\uparrow$ ⇒ IS 曲線が右上方にシフト

3.6 IS 曲線の傾きに影響を与える要因----------

3.3 節でも学んだように，IS 曲線の傾きは右下がりになります。すなわち，財市場を均衡させるような所得 Y と利子率 i は負の関係にあります。ここでは，そのような負の関係の程度の大きさ（すなわち，IS 曲線の傾き）について考えます。IS 曲線の傾きの大きさに影響を与える要因はいくつかありますが，ここではその代表的なものとして**投資の利子弾力性**を取り上げます。

投資の利子弾力性とは，投資の利子率に対する反応度を意味し，利子率の変化に対する，投資の変化の割合によって表されます。特に，投資の利子弾

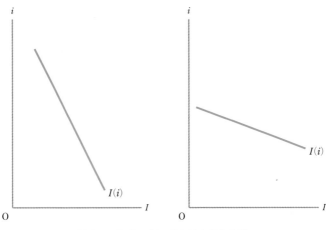

(a) 投資の利子弾力性が小さいケース　　(b) 投資の利子弾力性が大きいケース

図 3-7　投資の利子弾力性と投資関数

力性が小さい場合には IS 曲線の傾きが急になり，逆に，それが大きい場合には IS 曲線の傾きが緩やかになることを示します。

　まず，投資と利子率の関係は，(3.1) 式の投資関数によって表されました。

$$I = I(\overset{\ominus \text{小}}{i})$$

式にある「小」は投資の利子弾力性が小さい場合を表します。

　利子率の変化が投資に与える影響の大きさは，投資関数の傾きで表されます。図 3-7 の (a) を見てください。投資関数の傾きが急な場合には，利子率が大きく上昇しても，投資がほとんど減少しません。

　この場合，投資の利子弾力性は小さいといえます。逆に，投資関数の傾きが緩やかな場合には，利子率のわずかな上昇に対して，投資は大きく減少します。これは，投資の利子弾力性が大きいケースに相当し，図 3-7 の (b) で表されます。

　まず，投資の利子弾力性が小さいケースについて考えます。投資の利子弾力性が小さいこと（すなわち，投資関数の傾きが急であること）は，IS 曲線に

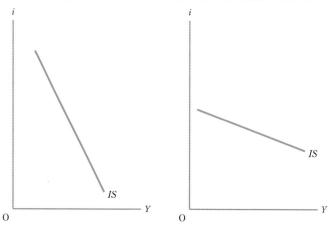

(a) 投資の利子弾力性が小さいケース　　(b) 投資の利子弾力性が大きいケース

図 3-8　投資の利子弾力性と IS 曲線

おいて，どのように反映されるのでしょうか。IS 曲線を導出した際，利子率 i が低下したときに，財市場を均衡させる所得 Y の変化を追いながら，同曲線を導いたことを思い出してください。利子率の低下は，投資を増加させます。投資の利子弾力性が小さい場合には，利子率の低下の程度が大きくても投資はそれほど増加しません。それにより，財市場を均衡させる所得 Y もそれほど増加しないことになります。すなわち，投資の利子弾力性が小さい場合には，IS 曲線の傾きは急になります。

　逆に，投資の利子弾力性が大きい場合には，利子率がわずかに低下しただけでも，投資は大きく増加します。これによって，財市場を均衡させる所得も大きく増加する必要があります。したがって，投資の利子弾力性が大きい場合には，IS 曲線の傾きは緩やかになります。図 3-8 は，それぞれのケースに対応した IS 曲線を示しています。

[投資の利子弾力性が小さい場合，IS 曲線の傾きは急になる]

$$I(\overset{\ominus 小}{i}) = S(\overset{\oplus}{Y-T}) + (T-G)$$

IS 曲線の傾きを考えたときと同様に考える。

$Y\uparrow$（Yが増加した）とする。$Y-T$が増加するので $S\uparrow$（Sが増加した）。

結果的に右辺が大きくなるので，そのままでは等号が不成立となる。

等号を回復するためには，左辺を大きくする必要があり，そのためには

$I\uparrow$（Iが増加する）必要がある。

$I\uparrow$のためには，$i\downarrow$（iが低下する）必要がある。

このとき，投資の利子弾力性が小さい場合，$I\uparrow$のために，$i\downarrow$が非常に大きく低下する。

　　結論：投資の利子弾力性が小さい場合，IS 曲線の傾きは急になる。

3.7　具体的な関数形を用いた例------------------

　最後に，投資関数（3.1）と消費関数（3.3）が具体的な関数形で表される場合に，IS 曲線がどのように表されるかを考えます。

　まず，投資関数を以下のような形で定式化します。

$$I = I_0 - vi \tag{3.8}$$

ここで，I_0 は，利子率とは独立に決まる投資の大きさを表します。v は，利子率の変化に伴う投資の変化の大きさを表し，正の定数（$v>0$）であると仮定します。投資関数の傾きは $1/v$ で表されます。

　特に，投資が利子率のわずかな変化に対して大きく反応するとき，v の値は大きくなることから，投資関数の傾きは緩やかになります。逆に，投資が利子率の大きな変化に対してもほとんど反応しないとき，v の値は小さくなり，投資関数の傾きは急になります。

消費関数は，以下のようなケインズ型消費関数を考えます。

$$C = C_0 + c(Y - T) \tag{3.9}$$

C_0 は，可処分所得とは独立に決まる消費の大きさを表し，c は限界消費性向（MPC）を表し，0よりも大きく1よりも小さい（$0 < c < 1$）と仮定します。このとき，貯蓄関数は以下のように表すことができます。

$$S = (1 - c)(Y - T) - C_0 \tag{3.10}$$

右辺の可処分所得（$Y - T$）の係数である $1 - c$ は限界貯蓄性向を表し，やはり，0よりも大きく，1よりも小さくなります。

（3.8）式の投資関数と（3.10）式の貯蓄関数を（3.7）式に代入すると，以下の式を得ることができます。

$$I_0 - vi = (1 - C)(Y - T) - C_0 + T - G$$

これを i について解くことで，IS 曲線が以下のような形で得られます。

$$i = -\frac{1 - c}{v} Y + \frac{C_0 - cT + I_0 + G}{v} \tag{3.11}$$

上の式からもわかるように，IS 曲線は，傾き $-\frac{1-c}{v}$，切片 $\frac{C_0 - cT + i_0 + G}{v}$ の直線となります。仮定により，限界消費性向 c は1よりも小さく，投資関数（3.8）式の v は正であるため，傾き $-(1-c)/v$ は負になることがわかります。

問題1：投資の決定と利子率　ある企業が以下の3種類の投資プロジェクトに直面しているとする。

　　　　　　　投資プロジェクトA：投資額1億円　予想収益率5%
　　　　　　　投資プロジェクトB：投資額3億円　予想収益率8%
　　　　　　　投資プロジェクトC：投資額5億円　予想収益率2%

⑴　資本の限界効率表を描きなさい。
⑵　市場利子率が7%の場合の企業の投資額と予想収益額を求めなさい。

(3) 市場利子率が4%の場合の企業の投資額と予想収益額を求めなさい。上の
ケースと比較すると投資額はどう変化するか。

問題2：IS曲線　ある経済における消費関数と投資関数が以下のように与えられ
ている。

$$消費関数：C = 0.8(Y - T) + 80$$
$$投資関数：I = 60 - 10i$$
$$政府支出：G = 60$$
$$租税：T = 50$$

ただし，Cは消費，Yは所得，Iは投資，iは利子率，Gは政府支出，Tは租税を
表し，輸出や輸入などの海外との取引は考えないものとする。

(1) この経済の貯蓄関数を求めなさい。

(2) この経済のIS曲線を求め，それを図示しなさい。

(3) 当初の状態から，政府支出が80に増加したときのIS曲線を求め，それを図
示しなさい。また，(2)のケースと比較し，IS曲線はどう変化するかを説明し
なさい。

(4) 当初の状態から，投資関数が$I = 60 - 5i$に変化したときのIS曲線を求め，
それを図示しなさい。また，(2)のケースと比較し，IS曲線はどう変化するか
を説明しなさい。

財市場の均衡

$$Y = C + I + G \qquad (K1)$$

消費関数（消費と所得の関係）

$$C = C(\overset{\oplus}{Y - T}) \qquad (K2)$$

投資関数（投資と利子率の関係）

$$I = I(\overset{\ominus}{i}) \qquad (K3)$$

IS 曲線

$$I(\overset{\ominus}{i}) = S(\overset{\oplus}{Y - T}) + (T - G) \qquad (K : IS)$$

LM 曲線（貨幣市場の均衡）

$$\frac{M}{P} = L(\overset{\oplus}{Y}, \overset{\ominus}{i}) \qquad (K4)$$

フィッシャー方程式

$$r = i - \pi^e \qquad (K5)$$

実質賃金

$$w = \frac{\overline{W}}{P} \qquad (K6)$$

労働量

$$N = N^D(w) \qquad (K7)$$

生産関数

$$Y = F(\overline{K}, N) \qquad (K8)$$

　この講では，（K1），（K2），（K3）から（K：IS）が導出されることを説明しました。

第4講
資産市場①
：資産としての貨幣と債券

■本講から第6講までは，資産市場について学びます。現実の経済では，貨幣，債券，株式，保険商品，土地，住宅など様々な資産が取引されていますが，マクロ経済モデルではこれらすべての資産を分析の対象とはせずに，貨幣と債券という2つの資産に絞って分析を進めます。まず，本講では，貨幣と債券とはどのような資産であるかについて説明し，それらが経済の中で，どのように流通しているのかについて学びます。

4.1 マクロ経済モデルにおける資産-------------

　マクロ経済モデルにおいて，資産とは，時間を通じて価値を移動できる財・サービスであると考えます。通常の財・サービスとは異なり，資産は時間を通じて劣化することがないため，現在から将来へ価値を移動することが可能です。上でも述べた通り，現実経済では，多種多様な資産が取引されていますが，それらの資産すべてについて考えることは分析を非常に複雑にするため，初級のマクロ経済学を学ぶ場合には，代表的な資産として貨幣と債券のみに絞って分析を進めることが習慣となってきました。

　多種多様な資産を貨幣と債券のみに限ってしまうことによって，現実との乖離が発生することは事実です。例えば株式や土地などの現実の経済で重要な資産について，株式や土地に特有の事柄を分析することは不可能になります。その一方で，マクロ経済全体を理解しやすくするという大きなメリットがあります。本書では，最初にマクロ経済を学ぶ場合には，このメリットが大きいと考えて，伝統的な貨幣と債券のみが資産として取引されるマクロ経

済を考えます。

　貨幣は，古くは腐食や摩耗に強い貴金属で作られており，時間が経っても価値が減少することのない資産として扱われてきました。現代の貨幣のうち現金通貨は紙幣の割合が増えていますが，技術の進歩により通常の使用においては簡単には破れたりしません。すなわち，貨幣は，時間を通じて価値を移動できる資産としての性質を持っています。現代の貨幣は銀行システムによって供給されており，銀行システムとその他の側面については，後ほど詳しく説明します。

　一方，債券は，貨幣とは異なり，収益を生み出すという性質を持つ資産です。ここで言う「収益」には2つの側面があります。第一に，債券はそれ自体が価値を持っていると言えます。債券価格がそれにあたります。例えば，現在の債券価格がそれを購入した際の価格に比べて上昇するとき，それを売却することで収益を得ることができます。第二に，債券は，それを保有することで，定期的（例えば1年毎）に収益を得ることができます。これらの性質は後ほど詳しく説明します。

　実は，株式や土地，住宅など他の資産も同様の「収益」を生み出す資産です。それらの資産にも，債券同様，それぞれの市場で決まる価格が付いています。また，株式は，それを保有することで定期的に配当を受け取ることができ，土地や住宅については，それらを貸し出すことで，やはり定期的に地代や家賃を受け取ることができます。それぞれの資産は，厳密には，リスクなどの点においては異なっていますが，価格と定期的な収益をもたらすという意味で債券と同様の性質があると言えます。したがって，貨幣と債券という2種類の資産に絞って分析を進める際には，債券は貨幣以外の資産を総称したものであると考えても問題ありません。

4.2　貨幣とは

　貨幣とはどのような資産でしょうか。貨幣には，(1)取引（決済）手段，(2)価値の尺度，(3)価値保蔵手段という3つの機能があります。まず，1点

目の取引（決済）手段とは，取引の際の支払いに使用できるという意味です。決済という用語には支払いを行うことで取引を完了させるという意味があります。2点目の価値の尺度とは，貨幣によって価値を測ることができるという意味です。例えば，日本においては，「円」を単位とする数字によって価値を測ることができます。3点目の価値保蔵手段とは，価値を保存してそれを将来に移すことができるという意味です。キャベツや大根などの野菜は，時間が経つと劣化するため，このような機能はありません。したがって，野菜は貨幣としての機能を持っていないと言えます。

　わたしたちが日常使用する紙幣や硬貨は，(1)実際の店舗などで支払いに使うことができること，(2)円の単位で価値を測ることができること，(3)破れたり破壊されたりしない限り，円の単位の価値は変わらないこと，などから上で挙げた3つの機能があることはわかります。このような紙幣や硬貨を総称して現金通貨と呼びます。

　一方で，貨幣の機能を持つのは現金通貨だけではありません。現代社会においては，銀行等の預金もそれら3つの機能を持っていると言えます。まず，(1)の取引（決済）手段については，振込やクレジットカードを使用して引き落とすなどの方法で直接支払いをすることができます。企業間の多額の決済だけではなく，インターネットショッピングや電子マネーなどの発達により預金を使った支払いは経済の至る場所で可能になっています。(2)の価値の尺度については，預金は銀行等へ預けた現金通貨の記録であることから，数字（円の単位）で測ることができます。(3)の価値保蔵手段としては，預金は勝手に目減りすることはありませんので，今日の10万円の預金は明日も10万円の価値を持ちます。以上から，預金も貨幣の3つの機能を持っていることがわかります。ここからは預金を預金通貨と呼び，貨幣の一部であると考えます。

　以上をまとめると，マクロ経済学では

$$\text{貨幣} = \text{現金通貨} + \text{預金通貨}$$

と考えます。現金通貨が貨幣であることは理解しやすいと思いますが，預金通貨も貨幣としての機能を持っており，現代社会において貨幣として利用さ

れているのはとても重要な点です。さらに言えば，貨幣全体の中で現金通貨の割合はわずか7％程度であり，残りの93％は預金通貨が占めています。現金通貨は後ほど説明する中央銀行によって発行・管理されていますが，預金通貨については民間の銀行全体，すなわち銀行システムにより供給されています。すなわち，現代の貨幣は，中央銀行と銀行システムによって供給されていると言えます。

4.3　銀　行

　ここでは，銀行について説明します。みなさんも利用したことがある民間銀行は，次の意味でマクロ経済学において特殊な企業といえます。前節で述べたように，銀行預金は預金通貨として現金通貨とともに貨幣の一部を構成しています。この預金を供給できる企業は銀行に限られています。そしてみなさんも取引したことのある民間銀行は，中央銀行とともに銀行システムを構成し，貨幣の供給を担っていると考えることができます。この意味で銀行はマクロ経済モデルにおいて特別な意味を持ちます。以下では，民間銀行のことを（特に中央銀行と区別するために）市中銀行と呼ぶことにします。

　市中銀行は，預金を受け入れ，それを資金にして様々な事業を行う企業に貸し出したり，利益を生む資産に投資をしたりすることを本来の業務としています。みなさんを含む多くの家計や企業の預金は，実質的に銀行にとっての借金です。普通預金に対して（2022年現在において非常に微々たるものであっても）利子が付けられていることからも，借金である性格を持つことは明らかです。ただし，この借金は非常に特殊な借金です。通常の借金であれば，期限を決めて利子を付けて返済すればよいのですが，預金は貸主である預金者の求めに応じて引き出すことができる，すなわち求めに応じて返済しなければならない借金といえます。銀行は預金を受け入れ（したがって預金者に借金をして），多くの利子を支払う企業などに貸し出したり，利回りのよい資産に投資したりすることで，得られる利子と預金者に支払う利子の差額によって利潤を得ていることになります。

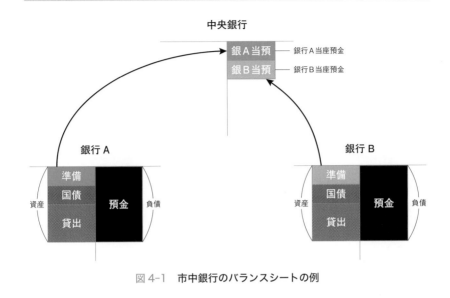

図4-1　市中銀行のバランスシートの例

　預金を受け入れた市中銀行は，(1)預金のすべてを金庫に保有していると，預金の利子を支払うことができない，(2)預金のすべてを貸出や資産の保有に回すと，預金者の引き出しに応じることができない，ということになります。したがって，市中銀行は預金を受け入れた際に，一部を準備として保有し，残りを貸出や資産保有に回すという資金の運用をしていることになります[1]。準備とは，市中銀行が保有する資金で容易に現金化できる資産保有を指します。市中銀行の金庫やキャッシュディスペンサーに入っている現金は準備に含まれます。ただし本書では，市中銀行は準備を中央銀行の当座預金として保有しているとします。そして中央銀行の当座預金（原則無利子の要求払預金）は非常に容易に現金化することができると仮定しましょう（あなたが銀行預金を引き出す際に，すぐに現金として手渡すことができるということです）。

　図4-1は市中銀行のある時点のバランスシートを模式的に表したものです

1　このように市中銀行は業務を行うにあたり，必ず準備を保有します。ただし，預金のうち，一定の比率を中央銀行へ預け入れることが義務付けられており，その比率は預金準備率と呼ばれます。

（バランスシートについては**コラム 4.1** 参照）。負債側には預金者から集めた預金が置かれます。その金額が縦の高さで表されています。資産側には，準備，国債，貸出という項目に預金で集めた資金が保有されています。準備はすでに述べたように中央銀行の当座預金口座に入れた資金です。中央銀行は，市中銀行の銀行として機能していることがわかります。国債は，預金で集めた資金のうち国債を購入した金額です。貸出は，他の企業に貸し出した資金の金額です。まとめると市中銀行は，預金で集めた資金を負債として，準備，国債，貸出の 3 つの形態で資産を保有していることになります。実際の銀行のバランスシートには，当然のことながら株式発行に伴う純資産や，営業活動を行う店舗に保有する様々な資産（土地，建物，コンピューターシステムなど）を保有していますが，ここでは本質的な部分に注目するために捨象しています。

コラム 4.1　バランスシート

　現代の企業は，一定期間のその企業の成績を投資家や債権者など利害関係者に公開する目的で計算書類を作成しています。上場企業のように金融商品取引法の対象となる企業では財務諸表と呼びます。一般的には決算書とも呼ばれます。ここではそのうち貸借対照表（バランスシート）と損益計算書について解説します。本文では，銀行などの金融機関のバランスシートを考えていますが，ここでは通常の事業会社のバランスシートについて概略を説明します。

　いま，あなたはワゴン車を改造したアイスクリーム販売車を用いて，街中でアイスクリーム販売事業を行うとします。銀行から 300 万円を借り入れて，株式を発行して 200 万円を調達し，400 万円でワゴン車を改造したアイスクリーム販売車を手に入れます。余った 100 万円は現金で保有します。これで 1 年間事業を始めます。開始時点のバランスシートは，図 4-2 のバランスシート（0 年目）となります。銀行借入 300 万円は負債，株式発行による 200 万円は純資産に計上されており，100 万円の現金と 400 万円のアイスクリーム販売車が資産に計上されます。バランスシートの左側は借方，右側は貸方と呼ばれます。この時点で借方と貸方は同額となります。図 4-2 で示したバランスシートと損益計算書においては，縦の高さが金額を表していることに注意してください。

　事業内容は保有する現金 100 万円で，材料（牛乳や砂糖など）を購入し（費用として計上），アイスクリームを製造して販売します。1 年目はアイスクリームを販売して，200 万円の売上となりました。損益計算書は図 4-2 のようになり，100 万円の利益（当期純利益）が計上されます。ここでは，労働に対する賃金，銀行への利子の支

払い，アイスクリーム販売車の減価償却を捨象します。売上の200万円は現金で保有しているとしましょう。

　1年間の事業の結果として，あなたの企業は200万円の現金，400万円のアイスクリーム販売車を借方の資産として持ちます。銀行借入300万円は返済しなければならない金額として確定しているので変更はありません。このため資産が増加した100万円は（これは当期純利益に相当します），貸方の純資産が増加したと計上されます。1年目のバランスシートは，図4-2のバランスシート（1年目）となります。この時点でも借方と貸方は一致することになります。

　このようにして，企業の事業は財務諸表に記録されていくことになります。バランスシートは資金の調達（貸方）と運用（借方）をストックとして記録しており，損益計算書はフローの記録となっています。そしてフローの結果としてストックが変更されていくことを理解する必要があります。翻って本文の銀行などの金融機関のバランスシートにおいて預金は負債に計上されます。もちろん株式会社である銀行は純資産が計上されているのですが，本書の説明では捨象していると考えてください。

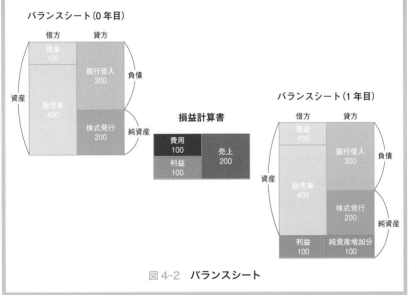

図 4-2　バランスシート

4.4　中央銀行と銀行システム

　現代の管理通貨制度の下では，中央銀行（日本では日本銀行）の目的は貨幣量をコントロールし，物価を安定させることです。貨幣量のコントロールと

物価の安定はどのような関係にあるのでしょうか。

　まず，物価とは，財・サービスの価格の全体を示す指標であり，代表的な物価の指標として，消費者物価指数や企業物価指数などがあります。財・サービスの量が一定の下で貨幣量が増えると，貨幣に対する財・サービスの相対的な量が減少します。すなわち，財・サービスは希少になり，逆に貨幣は豊富になります。これにより，財・サービスの価値は上昇し，貨幣の価値は減少します。財・サービスの価値の上昇は，それらの価格，さらに，全体としても物価が上昇することを意味します。逆に，貨幣量の減少は，物価の下落と貨幣価値の上昇をもたらします。このように物価と貨幣量は密接な関係にあり，物価を安定させるためには，貨幣量が適切にコントロールされる必要があります。

　それでは，中央銀行はどのように貨幣量をコントロールするのでしょうか。貨幣量は，現金通貨に預金通貨を加えたものであったことを思い出してください。まず，現金通貨は中央銀行によって発行・管理されていることから，中央銀行によって直接コントロールすることが可能です。一方，預金通貨は，個人や企業など民間の経済主体によって，民間銀行に預けられ，引き出されています。このことから，中央銀行は，預金通貨の量をコントロールできないように思えるかもしれません。しかしながら，後に説明するように，中央銀行は，日銀当座預金と呼ばれる民間銀行が日銀に保有する当座預金を通じた取引によって，預金通貨をコントロールすることが可能です。すなわち，中央銀行は銀行システムを通じて預金通貨をコントロールしていると考えられます。

4.5　信 用 創 造--------------------------------------

　いま，ある銀行（銀行Aとします）が預金者からD円の預金（Deposit）を預かったとします。ここでは普通預金のようにいつでも引き出し可能な預金を考えます。銀行は，預かった預金を企業などに貸し出し，そこから得られる利子によって利益を稼いでいますが，預金すべてを貸出に回すと，預金者

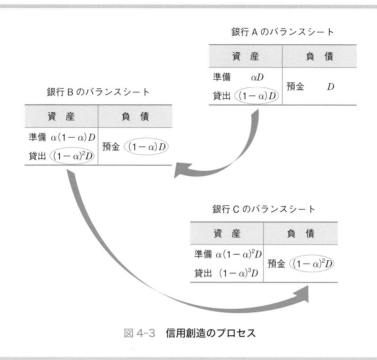

図4-3　信用創造のプロセス

からの急な引き出しに対応できなくなってしまいます。このため，通常，銀行は受け入れた預金のうち一部を金庫に入れ，残りを企業などへの貸出に充てます。金庫に入れた一部の資金を準備と呼びます。ここでは，この「準備」は単に銀行にある金庫に入れておくのではなく，銀行が中央銀行（日本銀行）に保有する当座預金（日銀当座預金と呼びます）に預け入れると仮定します。なお，この節での説明では，図4-1にある銀行の国債保有はゼロとします。

　以上から，銀行Aは，預かった D 円の預金のうち一部を準備として日銀当座預金に預け入れ，残りを企業等へ貸し出します。この銀行Aが預金 D 円のうち準備として日銀当座預金に預ける割合（預金準備率）を α（α は0よりも大きく1よりも小さい値です）で表すと，αD 円が「準備」，$(1-\alpha)D$ 円が企業（企業Bとします）への「貸出」となります。この状況をバランスシートで表したものが図4-3です。

D 円の預金は，銀行 A にとっては負債であり，そのうち αD 円が日銀当座預金として保有され，$(1-\alpha)D$ 円が企業 B への貸出となります。貸し出された $(1-\alpha)D$ 円は，企業 B が保有する銀行 B の口座に振り込まれます。このような取引により，銀行 B の預金は $(1-\alpha)D$ だけ増加することになります。銀行 B は，企業 B から預かった $(1-\alpha)D$ 円のうち，やはり α の割合を準備として銀行 B が保有する日銀当座預金に預け，残りの $(1-\alpha)$ を他の企業 C に貸し出します。貸し出された $(1-\alpha) \times (1-\alpha)D = (1-\alpha)^2 D$ 円は，やはり，企業 C が保有する銀行 C の口座に振り込まれ，銀行 C の預金が同額だけ増加します。このようなプロセスが永遠に続いていくことになります。

　その結果，当初の D 円の預金の増加による銀行システム全体の預金の増加額を S_B とすると，

$$S_B = D + (1-\alpha)D + (1-\alpha)^2 D + \cdots \tag{4.1}$$

となります。これは無限等比級数の公式により

$$S_B = \frac{D}{1-(1-\alpha)} = \frac{D}{\alpha} \tag{4.2}$$

と表されます。例えば α が 0.1（準備の割合が 10％）で，預金 D が 100 万円の場合，銀行システム全体の預金の増加は，$S_B = 100/0.1 = 1000$ 万円となり，当初の預金 100 万円の 10 倍となることがわかります。このときすべての預金に対して 10％の準備が日銀当座預金として発生するため，日銀当座預金も 100 万円増加することになります。このように当初受け入れた預金に対して，何倍もの預金が銀行システム全体に生み出されることを信用創造と呼びます。

4.6　日本銀行当座預金とオペレーション┄┄┄┄

　信用創造のプロセスによって発生する預金通貨は，経済における貨幣量の一部を構成しています。中央銀行（日銀）はこのような預金通貨をどのようにコントロールするのか考えてみましょう。

すべての銀行は，自らが受け入れた預金の一部を準備として日銀当座預金に預け入れています。簡単化のためにこの準備の割合αはすべての銀行で同じであるとします。このとき銀行システム全体の預金量のうちαの割合の資金が日銀当座預金に預け入れられることになります。

　日銀は，この日銀当座預金を通じて，銀行システム全体の預金量をコントロールすることができます。例えば，いま，日銀が銀行Aの日銀当座預金を増やしたいと考えたとします。このとき，日銀は，銀行Aから何らかの資産（通常，国債が取引されます）を買い取り，その代金を銀行Aの日銀当座預金に振り込みます。この取引によって銀行Aの日銀当座預金は増加します。逆に，日銀当座預金を減らしたいと考えた場合には，銀行Aに対して国債を売ることで，その代金を日銀当座預金から引き落とすことができます。このように日銀は日銀当座預金の残高を取引によってコントロールすることができます。日銀は，市場を通じて市中銀行とこのような取引を行っています。これらの取引を公開市場操作，あるいはオペレーション（略してオペ）と呼び，国債を売る操作を売りオペ，国債を買う操作を買いオペと呼びます。

4.7　オペレーションの波及効果----------------

　オペレーションによって日銀当座預金が変化したとき，市中銀行はどのように行動するでしょうか。例えば，日銀による買いオペによって，ある銀行（ここでは銀行Aとします）の日銀当座預金（準備）が増加したとします（図4-4）。これにより，銀行Aの準備の割合はαよりも大きくなります。日銀当座預金は原則として利子がつかないため，少しでも収益を稼ぎたい銀行Aは，準備の割合を減らして，企業に対して貸出を行おうとするでしょう。4.5節でも説明したように，このような貸出は，銀行システム全体としての預金量を増加させます。預金量の増加は，経済全体の貨幣量の増加を意味します。したがって，日銀による買いオペは，日銀当座預金を増やし，その結果，経済における貨幣量を増加させることになります。

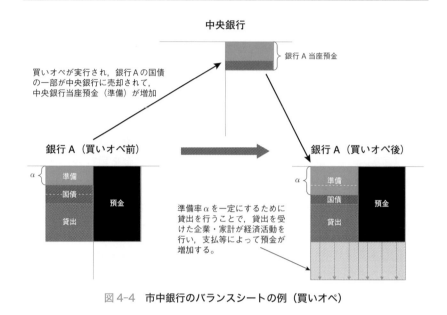

中央銀行

銀行A 当座預金

買いオペが実行され，銀行Aの国債
の一部が中央銀行に売却されて，
中央銀行当座預金（準備）が増加

銀行A（買いオペ前）

銀行A（買いオペ後）

α 準備
国債
貸出
預金

準備率αを一定にするために
貸出を行うことで，貸出を受
けた企業・家計が経済活動を
行い，支払等によって預金が
増加する。

α 準備
国債
貸出
預金

図 4-4　市中銀行のバランスシートの例（買いオペ）

　逆に，日銀による売りオペは，市中銀行の日銀当座預金を減少させます。
これにより市中銀行は，企業等に対する貸出を減らすことで，減少した準備を
補おうとします。その結果，経済における貨幣量が減少することになります。

　以上のようなプロセスを通じて，日銀のオペレーションによる日銀当座預
金のコントロールは，預金総額を変化させることで，経済全体の貨幣量に影
響を及ぼします。すなわち，日本銀行は，日銀当座預金を介して，預金通貨
を含む貨幣量をコントロールできることがわかりました。

　このような中央銀行の当座預金と現金通貨の合計はハイパワード・マネー
（マネタリーベースあるいはベースマネー）と呼ばれています。ハイパワード・マ
ネーは中央銀行が直接コントロールできる貨幣量を表しています。一方で，
中央銀行が物価安定などを目的として，最終的にコントロールしたい貨幣量
はマネーサプライ（日銀ではマネーストック）と呼ばれています。ハイパワー
ド・マネーはマネーサプライをコントロールするための種金のような役割を
果たしていると考えられます。

ここで，中央銀行がハイパワード・マネーを増加させることで，どのように
にマネーサプライが増加するかを確認します。図4-4は，中央銀行と市中
銀行である銀行Aのバランスシートを示しています。銀行Aは預金を受け
入れ，中央銀行当座預金に準備を保有し，また国債の保有と貸出を行ってい
ると考えます。ここで，中央銀行が銀行Aから国債を購入する買いオペを
実行したとしましょう。中央銀行はその代金を銀行Aの中央銀行当座預金
に入金します。中央銀行当座預金に保有する銀行Aの資産は準備となりま
すので，銀行Aの準備が増加したことになります。

　銀行Aでは，預金に対する準備の比率である預金準備率が上昇します。こ
のため，銀行Aは預金を増加させることが可能になります。銀行Aは新た
な顧客から預金を集めて，資金を運用することができますが，これには一定
のコストがかかると考えられます。より容易な方法は新たな貸出先に貸出を
行うことです。その際，貸し出した資金は貸出先の預金口座に振り込まれま
すので，貸出と同時に預金が増加することになります。

4.8　貨幣乗数------------------------------------

　ここまでの信用創造の説明では，社会に現金通貨は通用していないと仮定
していました。しかし現実の世界では，現金通貨が存在し貨幣量（マネーサ
プライ，あるいはマネーストック）の構成要素です。

$$貨幣＝現金通貨＋預金通貨$$

貨幣 M（Money），現金通貨 C_A（Cash），預金通貨 D とすると，

$$M = C_A + D$$

となります。一方で，ハイパワード・マネーは現金通貨と銀行が受け入れた
預金通貨のうち準備として保有する部分です。ハイパワード・マネーを H，
預金準備率を α とすると，

$$H = C_A + \alpha D$$

となります。

　上記の2つの式から，貨幣量がハイパワード・マネーの何倍になるかを考えます。

$$M = C_A + D = \frac{C_A + D}{H} \cdot H = \frac{C_A + D}{C_A + \alpha D} \cdot H = \frac{\dfrac{C_A}{D} + 1}{\dfrac{C_A}{D} + \alpha} \cdot H$$

ここで，現金預金比率$\dfrac{C_A}{D} = \beta$とすると，

$$M = \frac{\beta + 1}{\beta + \alpha} \cdot H$$

が得られます。

　預金準備率αは，$0 < \alpha < 1$であることに注意すると，$\frac{\beta+1}{\beta+\alpha}$は1より大きい数であることがわかります。したがって貨幣量はハイパワード・マネーの$\frac{\beta+1}{\beta+\alpha}$倍の大きさになります。$\frac{\beta+1}{\beta+\alpha}$を貨幣乗数，あるいは信用乗数と呼びます。

4.9　債券とは----------------------------------

　債券とは，その保有者に対して，現在から将来にわたり一定期間ごとにあらかじめ決められた額の支払いを約束する証書です。債券は簡単に言うと借用証書の一種であり，借り手（債券の発行者）が，保有者（貸し手）に対して，どれだけの借金があり，いつまでに返済し，どれだけの利子を支払うかということが明記されています。債券が発行されたとき，発行者は保有者に対して債券を渡し，保有者は発行者に資金を元本として貸します。その後，償還期限（元本と利子の全額を返済する期限）まで，一定期間ごとの利子と元本を返済します。元本と利子の全額を返済すると債券の効果はなくなります。すなわち，債券を購入するとは，資金を貸すことにほかなりません。

　債券の収益率を利子率と呼びます。利子率と債券価格の間には，「債券価

格と利子率は逆方向に動く」という重要な関係があります。例を用いて考えましょう。満期が1年，額面がa円の割引債が市場で売買されていたとします。割引債とは，額面より低い価格で発行される利息がゼロの債券です。したがって，この債券を保有すれば，1年後にa円得ることができます。割引債の価格は「1年後のa円を現在買うとしたらいくらか」を表しています。いま，この債券の価格がp円であったとき，その収益率（利子率i）は

$$i = \frac{a-p}{p} \tag{4.3}$$

のように表せます。これを変形すると

$$p = \frac{a}{1+i} \tag{4.4}$$

と書けます。この式から，利子率iが上昇すると，債券価格pは下落することがわかります。すなわち，債券価格と利子率は逆方向に動きます。割引債の価格pは，1年後のa円の現在の価値が$\frac{a}{1+i}$円であることを示しています。このように，将来の価値が現在どれだけの価値に相当するか評価した値を割引現在価値と言います。

　ところで，債券の保有者は償還期限までの間に他人に債券を売却することが可能です。その場合は，その後の利子と元本を受け取る人は売却後の保有者となります。債券は発行後も自由に取引できるため，市場が形成されているという特徴があります。債券などを保有することで得られる収益（利子や配当）はインカム・ゲインと呼ばれます。これに対して，元本の保証されていない資産の場合，現時点の価格が購入時の価格より上がったときに発生する利得をキャピタル・ゲイン，下がったときに発生する損失をキャピタル・ロスと呼びます。

4.10　名目利子率と実質利子率------------------

　第3講で紹介したように，利子率には，名目利子率と実質利子率の2種類があります。両者の違いについて詳しく考えてみましょう。まず，上で用い

た（4.4）式を変形すると

$$1+i=\frac{a}{p} \tag{4.5}$$

と書くことができます。つまり，上の式は，利子率 i が債券の額面 a を価格 p で割ったものに等しいことを意味します。額面 a 円は 1 年後の消費に用いることができる額であり，1 年後の消費の大きさを表しています。また，債券価格 p はそのために現在あきらめなければならない消費の大きさを表しています。両者の比率が利子率に等しいということは，利子率が現在消費と将来消費の相対価格（比率）であると解釈できることを意味します。

　このように利子率を用いると，現在消費と将来消費の比較が可能になりますが，この間に物価が変動する可能性もあります。例えば，物価が上昇すると，現在の消費をあきらめることで可能になる将来の消費の量が減ってしまう可能性があります。そこで，物価水準と利子率の間には，どのような関係があるのかについて考えてみましょう。

　まず，現在のパンの価格が 100 円であったとします。1 万円持っていれば，100 個のパンを購入することができます。いま，銀行へ 1 万円預けると将来 3 ％の利子が付くものとします。このとき，もしパンの価格が将来も変わらなければ，現在の 1 万円分の消費（パン 100 個に相当します）をあきらめると，将来 1 万 300 円分の消費（パン 103 個に相当します）を行うことが可能です。将来消費 1 万 300 円を現在消費 1 万円で割った 1.03（厳密に言えば，そこから 1 を引いた 0.03）が利子率に相当します。すなわち，パンの価格が変化しなければ，現在の 1 万円の購買力は，将来 3 ％（パン 3 個分）増加すると言えます。

　それでは，現在 100 円のパン価格が将来 102 円になるものとします（100 円から 102 円ですから 2 ％の物価上昇を意味します）。利子率は変わらず 3 ％のため，現在 1 万円分の消費（現在のパン価格は 100 円ですからパン 100 個に相当します）をあきらめることで，将来 1 万 300 円分の消費を行うことが可能であることは変わりません。しかしながら，パンの価格が 102 円に上昇しているため，もはや 103 個のパンを購入することはできません。すなわち，物価の 2 ％の上昇によって，利子率 3 ％であっても，現在の 1 万円の購買力は

3%以下に目減りすることになります。将来の1万300円で購入できるパンの個数は，1万300÷102≒101個となります。つまり，2%の物価上昇により，現在の1万円の購買力は，将来1%（パン1個分）増加するにとどまります。このような実質的な購買力の変化を考慮した利子率が実質利子率です。実質利子率は，現在のパン1個の消費をあきらめたとき，将来どれだけのパンを食べることができるかを表したものです。正確には上記のような計算が必要ですが，利子率が0から大きく離れていないときは，**第3講**でも紹介した以下のような関係が得られます。

$$r = i - \pi^e \tag{4.6}$$

ただし，rは実質利子率，iは名目利子率，π^eは期待物価上昇率を表します。期待物価上昇率は，現在時点から見た1年後の物価水準を予想したものです。この式は，導出した米国の経済学者フィッシャー（I. Fisher）にちなんで，フィッシャー方程式と呼ばれます。

　上記の議論から明らかなように，現在時点でiの利子率で1年間の資金の貸借の契約をする場合には，これから1年間の物価上昇率を考慮しなければなりません。これは実現した（過去の）物価上昇率ではなく，今後1年間に発生する物価上昇率ですので，経済主体にとっては予想した値であることに注意してください。

　本書では，以下特に断りがない限り，π^eはその他の変数から独立に決まることを仮定します。例えば，過去1年間の物価上昇率と，今後1年間の期待物価上昇率π^eは，関係がないことを意味します。このことは，少し直感に反するかもしれませんが，過去の物価上昇率が5%であるからと言って，次の1年間も5%になるわけではありません。2%になるときもあれば，7%になるときもあります。もしかしたら，10%を超えるかもしれません。完全に独立に決まると仮定することは，少し強い仮定ではありますが，説明を単純化するために，このように仮定します。読者のみなさんは，この点に注意してください。

問題１：信用創造　ある経済において預金額が 100 億円増加したとする。以下の問いに答えなさい。ただし，この経済に現金はないものとする。

(1)　この経済の預金準備率が 0.0125（1.25％）であったとき，当初の 100 億円の預金額の増加は，システム全体でどれだけの預金を増加させるか。

(2)　(1)のケースにおける日銀当座預金の増加額を求めなさい。

(3)　この経済の預金準備率が 0.02（2％）へ上昇するとき，預金額の増加がシステム全体の預金額へ及ぼす影響はどのように変化するか。

問題２：公開市場操作　ある銀行の預金額が 15 兆円で与えられている。この経済の預金準備率が 0.01（1％）であるとき，以下の問いに答えなさい。ただし，この経済に現金はないものとする。

(1)　この銀行の日銀当座預金額を計算しなさい。

(2)　日銀による買いオペによって，この銀行の日銀当座預金が 2,000 億円となったとする。この銀行は，増加した分の日銀当座預金のすべてを貸出に回すとき，システム全体としてどれだけの預金額が増加するだろうか。計算しなさい。

(3)　日銀による売りオペによって，この銀行の日銀当座預金が 1,000 億円となったとする。これによってシステム全体としてどれだけの預金額が減少するだろうか。計算しなさい。

問題３：利子率　利子率に関する以下の問いに答えなさい。

(1)　満期が 1 年で額面が 120 万円，価格が 80 万円の割引債の利子率を計算しなさい。価格が 100 万円に上昇するとき，利子率はどれだけ下落するか。計算しなさい。

(2)　ある経済の名目利子率が 3％であるとする。この経済の期待物価上昇率が−2％であるとき実質利子率を求めなさい。

● Point Check　ケインズ派マクロ経済モデル

財市場の均衡

$$Y = C + I + G \qquad \text{(K1)}$$

消費関数（消費と所得の関係）

$$C = C\overset{\oplus}{(Y-T)} \qquad \text{(K2)}$$

投資関数（投資と利子率の関係）

$$I = I\overset{\ominus}{(i)} \qquad \text{(K3)}$$

IS 曲線

$$\overset{\ominus}{I(i)} = S\overset{\oplus}{(Y-T)} + (T-G) \qquad \text{(K : IS)}$$

LM 曲線（貨幣市場の均衡）

$$\frac{M}{P} = L(\overset{\oplus}{Y}, \overset{\ominus}{i}) \qquad \text{(K4)}$$

フィッシャー方程式

$$r = i - \pi^e \qquad \text{(K5)}$$

実質賃金

$$w = \frac{\overline{W}}{P} \qquad \text{(K6)}$$

労働量

$$N = N^D(w) \qquad \text{(K7)}$$

生産関数

$$Y = F(\overline{K}, N) \qquad \text{(K8)}$$

この講では，（K5）について説明しました。

第5講
資産市場②
：貨幣市場と債券市場

■この講では，前講で説明した貨幣と債券から成る資産市場を考え，それらの市場均衡について学びます。まず，貨幣市場と債券市場で構成される資産市場においては，両市場を同時に考える必要はなく，一方の市場が均衡していれば資産市場全体も均衡していることを主張する「ワルラス法則」について学びます。その上で，貨幣市場の均衡に焦点を当て，貨幣需要と貨幣供給について学びます。

5.1 資産市場の均衡とワルラス法則------------

　前講でも説明しましたが，マクロ経済学では経済に存在するすべての資産を「貨幣」と「債券」という2つの資産に分類できるとして分析を進めます。まず，貨幣は，リスクのない安全資産であり，流動性も高いことが特徴です。また，すべての経済取引は貨幣を決済手段として行われます。次に，債券は，貨幣とは異なり，利子が付くという意味で収益がありますが，流動性が低いことが特徴です。貨幣と債券の最も大きな違いは，貨幣には利子が付かないのに対して，債券には利子が付く点です。本書を通じて利子あるいは利子率は債権に対するものであることに注意してください。

■ 債 券 市 場

　債券市場も，他の市場と同様，債券に対する需要と供給の作用によって，価格が決まるような市場です。前講でも学びましたが，債券価格は，利子率と逆方向に動くという特徴あったことを思い出してください。

まず，債券に対する需要側を考えます。債券を需要する主体は，おカネ（資金）を貸してもよいと考える人々です。債券を保有するメリットは利子を得ることにあるため，利子率が高くなると（すなわち，債券価格が低下すると）債券に対する需要が増加します。逆に，利子率が低くなると（すなわち，債券価格が上昇すると），債券に対する需要は減少します。

　債券に対する需要が変化する際には，その裏では，貨幣に対する需要も変化している点に注意してください。すなわち，マクロ経済全体としては，債券需要が増加する際には，貨幣に対する需要が減少しており，逆に，債券需要が減少する際には，貨幣に対する需要が増加しています。

　次に，債券の供給側について考えます。債券を供給する主体は，債券を発行する側，すなわちおカネ（資金）を借りたいと考える企業などです。企業が資金を調達したいと考える理由は様々ですが，例えば，設備投資（工場や機械設備を増強することなど）を行うために債券を発行して資金を調達する企業を考えましょう。

　いま，ある企業が，1億円の設備投資を行うことを考えているとします。この設備投資を行うと，来年には1億1千万円の収入が見込めるものとします。したがって，この投資には10％の収益があります。この企業が債券を発行して投資の資金を調達する場合，債券の利子率が10％よりも低ければ，1年後に債券の需要者に元本と利子を支払っても，利益が発生します。しかしながら，利子率が10％よりも高ければ，損失が発生することになります。このため，利子率が10％よりも低ければ，この企業は，債券を発行して設備投資を実行しようとします。逆に，利子率が10％よりも高ければ，債券の発行は行わないでしょう。

　このような設備投資の案件は，経済全体では無数にあると考えられます。また，それらの設備投資案件の予想収益（上の例では10％です）も案件毎に異なっており，低いものから高いものまで様々あるものと考えられます。したがって，一般的に，利子率が低くなれば，多くの企業が設備投資を行うために債券を発行しようとするため，債券の供給量は増加します。逆に，利子率が高くなれば，債券の供給量が減少します。

　以上のようなプロセスを経て，マクロ経済全体で，債券に対する需要と供

給が相互に作用することで，債券の取引量と債券価格（利子率）が決定されることになります。

■ ワルラス法則

　上で述べたように，債券市場は，債券に対する需要と供給に応じて，債券の取引量とその価格（利子率）が決定されるような市場です。他方で，債券と貨幣を含めたマクロ経済全体としての資産の市場を考えると，債券に対する需要と貨幣に対する需要は表裏一体のものであると説明しました。すなわち，家計や企業を問わず，すべての経済主体は自らの資産について，自らの予算制約を満たすように資産に対する需要（資産の保有）を決定していると考えられます。これを数式で考えてみましょう。資産全体を A（Asset），貨幣に対する需要を L（Liquidity），債券に対する需要を B^D（Demand for Bond）とすれば，

$$A = L + B^D \tag{5.1}$$

と書けます。この式は，すべての経済主体は自らの資産を貨幣で持つか債券で持つかを決定していることを意味しています。

　すべての経済主体によって保有される資産 A は資産の供給として見ることもできます。すなわち，名目貨幣供給量 M（Money）を物価水準 P（Price）で割った実質貨幣供給量を M/P，名目債券供給量 B^S（Supply for Bond）を物価水準 P で割った実質債券供給量を B^S/P と，それぞれ表すと

$$\frac{M}{P} + \frac{B^S}{P} = A \tag{5.2}$$

（5.1）式と（5.2）式を用いると，以下の式を得ることができます。

$$\left(\frac{M}{P} - L\right) + \left(\frac{B^S}{P} - B^D\right) = 0 \tag{5.3}$$

（5.3）の左辺第1項は貨幣に対する超過供給を表し，第2項は債券に対する超過供給を表します。したがって，（5.3）式は，貨幣市場と債券市場における超過供給の和がゼロになることを表します。資産市場が均衡しているとは，ストックである貨幣と債券の両市場において，需給が一致することを意味し

ます。

　(5.3) 式から重要な結論が導けます。まず，貨幣市場が均衡しており左辺第1項がゼロになるとき，第2項もゼロになります。すなわち，債券市場も均衡しています。逆に，債券市場が均衡しており左辺第2項がゼロになるとき，第1項もゼロとなり，貨幣市場も均衡することになります。したがって，資産市場の均衡を分析する際には，貨幣市場か債券市場のどちらか一方の市場のみを考えれば十分であると言えます。これを資産市場におけるワルラス法則と言います。以上の結果から，今後，本書における分析では，貨幣市場の需給についてのみ考えることにします。

5.2　貨幣に対する需給と貨幣市場の均衡-------

■ 貨幣に対する需要

　貨幣に対する需要は，人々が資産としての貨幣をどれだけ求めるのかに依存して決まります。人々の貨幣に対する需要に影響を与える要因には，大別して，(1)取引動機，(2)予備的動機，(3)投機的動機の3つがあります。

　(1)の取引動機は，貨幣の機能の一つである取引（決済）手段に関わるものです。貨幣は，財・サービスの取引を行う際に決済の手段として必要です。このため，取引される財・サービスの量が多くなると，貨幣に対する需要が増加します。マクロ経済全体の財・サービスの取引量は，所得 Y の大きさによって表されるため，貨幣需要も Y に依存して決定されます。すなわち，Y が増えると貨幣需要は増加し，Y が減ると貨幣需要 L は減少すると考えられます。

　(2)の予備的動機は，人々が突然の取引に備えて貨幣を保有・需要しようとするものです。現在取引は発生していないとしても，今後取引が増えると予想すれば貨幣の保有を増やそうとし，今後取引が減ると予想すれば貨幣の保有を減らそうとするでしょう。このような突発的な取引は，マクロ経済全体の所得 Y が増加するにつれて増えるものと考えられます。予備的動機に基づく貨幣需要は，取引動機と同様，所得 Y が増えると増加し，Y が減ると減

少するものと考えられます。

(3) の投機的動機とは，収益性に関わるものです。貨幣は，債券と並ぶ資産の一つです。貨幣が債券と異なるのは，貨幣を保有することでは収益（利子）が発生しない点です。このため，人々は利子率が上昇すると，貨幣を手放して，債券を保有しようとします。逆に，利子率が低下すると，債券を手放して，貨幣を保有しようとします。投機的動機に基づく貨幣需要は，利子率 i が上昇すると減少し，逆に，i が低下すると増加するものと考えられます。

以上の議論をまとめると，貨幣需要 L は所得 Y と利子率 i に依存することがわかりました。この関係を式で表すと

$$L(\overset{\oplus}{Y}, \overset{\ominus}{i}) \tag{5.4}$$

と書けます。すなわち，貨幣需要 L は，Y の増加関数であり，i の減少関数となります。この貨幣需要 L は，「実質」貨幣需要を表します。

■ 貨幣市場の均衡

前講で学んだように，貨幣の供給者は中央銀行である日本銀行です。日銀は，銀行システムを介した信用創造プロセスを通じて，貨幣供給を政策的に決定します。したがって，ここでは，貨幣供給は，外生的に与えられたものとして扱います。特に，名目貨幣供給量を M，物価水準を P とすると，M を P で割った M/P は実質貨幣供給量を表します。

以上を考慮すると，貨幣市場の均衡は以下の式で与えられます。

$$\frac{M}{P} = L(\overset{\oplus}{Y}, \overset{\ominus}{i}) \tag{5.5}$$

この式は，左辺で表される実質貨幣供給量が右辺で表される実質貨幣需要量と等しいことを意味します。このように貨幣市場を均衡させる所得と利子率の組み合わせは LM 曲線（Liquidity Money Curve）と呼ばれるグラフで表すことができます。LM 曲線については，**第 6 講**で詳しく解説します。

これまで見てきたように，実質貨幣需要量 L は，所得 Y と利子率 i によって決定されます。ここでの利子率 i は名目利子率を表すことに注意してください。実質変数である L に，名目変数である i が影響するのはなぜで

しょうか。

　先ほど，債券に対する需給を考えたとき，それらは利子率に依存すると述べました。その際の利子率は，実質利子率であると考えられます。すなわち，人々が貨幣ではなく収益を生む債券を需要する際には，その実質的な収益が問題であり，また，企業が資金を調達する（借金する）際には，その実質的な負担が問題だからです。この実質利子率が債券の需給に及ぼす影響は，貨幣市場にも影響を与えます。しかしながら，貨幣を保有すると，物価水準の変化によってその実質的な価値が変動します。例えば，物価上昇は貨幣の実質的な価値を下落させ，物価下落は貨幣の実質的な価値を上昇させます。したがって，貨幣に対する需要は実質利子率ではなく名目利子率に影響を受けると考えられるため，実質貨幣需要 L は名目利子率 i の関数となります。

5.3　資産市場の役割------------------------------

　最後に，資産市場はマクロ経済全体の中でどのような役割を担っているのかについて考えてみましょう。まず，資産市場は家計の貯蓄を企業の投資につなげる役割を担っています。これを**第 1 講**で説明したフロー循環図を用いて確認してみましょう（図 5-1）。

　財市場（財・サービス市場）においては，家計と企業が財・サービスの取引を行っています。また，生産要素市場の一つである労働市場では，家計が企業に対して労働を提供し，その対価である賃金を受け取ります。また，資本市場では，家計が企業に対して貯蓄として資金を提供し，その対価として利子所得を得ています。資本市場において，企業は，家計から提供された資金を用いて資本を調達します。家計の貯蓄を企業が借入れて，生産のための資本を購入していると考えることもできます。

　この点を詳しく理解するために，フロー変数とストック変数について説明します。まず，**フロー変数**とは，一定の単位時間当たり（1 年や 1 四半期など）で測られた変数を表します。ここでのフロー変数は，財・サービスの量や労働量です。また，**ストック変数**とは，ある時点において測定された変数

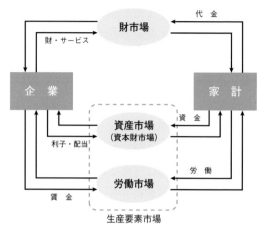

図 5-1　フロー循環図（図 1-2 再掲）

を表します。ここでのストック変数は，資本量です。ある時点における資本
量を増加させるためには，投資が必要です。この投資はフロー変数として表
されます。したがって，資本市場は，フロー変数である家計の貯蓄が，同じ
くフロー変数である企業の投資に結び付けられて，ストック変数である企業
の資本量になる市場であると解釈できます。

　このような家計の貯蓄と企業の投資をつなげるのが，資産市場の重要な役
割です。特に，債券市場では，企業は債券を発行（供給）することで，資金
の借り手となり，家計は貯蓄によって債券を購入（需要）することで，資金
の貸し手となります。企業は家計から借りた資金を用いて投資を実行し，そ
の結果，資本の量が増加します。

　債券市場だけでなく，貨幣市場でも，家計の貯蓄は銀行の預金として保有
されることで，信用創造プロセスを伴いながら，銀行貸出として企業に資金
が流れます。やはり，その資金は投資に用いられ，結果的に，資本の蓄積に
つながります。

　このように，家計の貯蓄が，資金の貸借の結果として，企業の投資に変換
されることが理解できます。資産市場には，家計の貯蓄と企業の投資をつな

げる役割があり，この２つをつなげる役割を持つ仕組みと制度を総称して金
融システムと呼びます。

問題１：ワルラス法則　ある経済における貨幣に対する需要を L，債券に対する需要を B^D で表し，貨幣供給を M/P，債券供給を B^S/P で表すものとする。
  (1)　資産市場の均衡式を上の文字を用いて表しなさい。
  (2)　貨幣に対する需要が 50，供給が 30 であるとき，債券市場では何が起きているか。式を用いて説明しなさい。
  (3)　(2)の状況において，債券市場を均衡させるためには，債券の供給をどのように変化させればよいか。説明しなさい。

問題２：貨幣市場の均衡　貨幣需要関数を $L=L(Y, i)$ のような一般的な形で考える。ただし，L は貨幣需要，Y は所得，i は利子率を表す。
  (1)　所得 Y は一定であると仮定する。このとき貨幣需要 L と利子率 i の関係を縦軸に i，横軸に L をとった平面に表しなさい。
  (2)　(1)の状況において所得 Y が増加するとき，貨幣需要 L と利子率 i の関係はどのように変化するものと考えられるか。説明しなさい。
  (3)　利子率 i は一定であると仮定する。このとき貨幣需要 L と所得 Y の関係を縦軸に Y，横軸に L をとった平面に表しなさい。
  (4)　(1)の状況において利子率 i が低下するとき，貨幣需要 L と所得 Y の関係はどのように変化するものと考えられるか。説明しなさい。

● Point Check　ケインズ派マクロ経済モデル

財市場の均衡

$$Y = C + I + G \qquad \text{(K1)}$$

消費関数（消費と所得の関係）

$$C = C\overset{\oplus}{(Y-T)} \qquad \text{(K2)}$$

投資関数（投資と利子率の関係）

$$I = I\overset{\ominus}{(i)} \qquad \text{(K3)}$$

IS 曲線

$$I\overset{\ominus}{(i)} = S\overset{\oplus}{(Y-T)} + (T-G) \qquad \text{(K : IS)}$$

LM 曲線（貨幣市場の均衡）

$$\frac{M}{P} = L\overset{\oplus \quad \ominus}{(Y, i)} \qquad \text{(K4)}$$

フィッシャー方程式

$$r = i - \pi^e \qquad \text{(K5)}$$

実質賃金

$$w = \frac{\overline{W}}{P} \qquad \text{(K6)}$$

労働量

$$N = N^D(w) \qquad \text{(K7)}$$

生産関数

$$Y = F(\overline{K}, N) \qquad \text{(K8)}$$

この講では，（K4）について説明しました。

第6講
資産市場③
：資産市場の均衡と LM 曲線

■第5講では，マクロ経済における資産市場として，貨幣市場と債券市場について詳しく学びました。その際，ワルラス法則により，貨幣市場が均衡していれば，債券市場も常に均衡していることを学びました。したがって，資産市場について分析するためには，貨幣市場の均衡のみを考えればよいことになります。本講では，貨幣市場の均衡に焦点を当て，その均衡を描写するLM 曲線を導出します。

6.1 貨幣市場の均衡----------------------------------

■ 貨幣需要関数

前講では，貨幣に対する需要を表す貨幣需要関数を以下のような形で表しました。

$$L = L(Y, i) \tag{6.1}$$

L は貨幣需要，Y は実質所得（GDP），i は利子率を表します。前講でも説明した通り，貨幣需要 L は，実質残高に対する需要を表していることに注意してください。このような実質貨幣需要は，実質所得 Y が増えると増加し，利子率 i の上昇に伴って減少するという特徴があります。

いま，所得 Y を特定の水準 Y_1 に固定します。（6.1）式から，この場合の貨幣需要は，

$$L = L(Y_1, i)$$

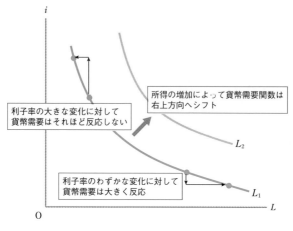

図6-1　貨幣需要関数

と表されます。これを縦軸に利子率 i，横軸に貨幣需要 L をとった平面に図示すると，図6-1の L_1 のように表されます。貨幣需要 L は利子率 i の減少関数であることから，L_1 は右下がりとなっていることがわかります。

　貨幣需要関数の傾きは，利子率の変化に対する貨幣需要の反応の大きさを表します。例えば，利子率がわずかに低下しただけでも，貨幣需要が大きく増加するとき，貨幣需要関数の傾きは緩やかになります。反対に，利子率が大きく上昇しても，貨幣需要がほとんど減少しないとき，貨幣需要関数の傾きは急になります。

　貨幣需要関数は，所得 Y が変化するとどのような影響を受けるでしょうか。いま，所得が Y_1 から Y_2 へ増加したとします。このとき，貨幣需要 L は，Y の増加関数であることから，貨幣需要も増加します。このとき，貨幣需要関数は，右上方向へシフトします。これは，図6-1における L_1 から L_2 へのシフトによって表されます。

■貨幣供給と貨幣市場の均衡

　前講では，貨幣供給を以下のような形で表しました

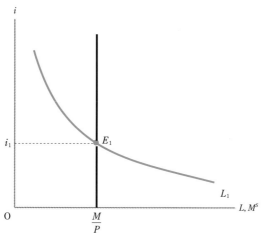

図 6-2　**貨幣市場の均衡**

$$M^S = \frac{M}{P} \tag{6.2}$$

M^S は実質貨幣供給（Money Supply），M は名目貨幣供給，P は物価水準を表します。**第4講**で学んだように，貨幣供給は中央銀行によってコントロールされているため，利子率 i の影響は受けません。したがって，貨幣供給を縦軸に利子率 i，横軸に貨幣需要 L をとった平面に描くと，垂直な線で表されます。図 6-2 は，実質貨幣供給量が $\frac{M}{P}$ に固定されている場合の貨幣供給と上で説明した貨幣需要関数を同一平面に描いたものです。2つの線が交わっている点 E_1 で貨幣市場が均衡します。

6.2　LM 曲 線

　図 6-2 で示された貨幣市場の均衡は，所得が特定の水準 Y_1 に与えられた場合に，貨幣需要と貨幣供給が等しくなるような利子率の水準（i_1）で表されました。図 6-1 で示されたように，所得 Y が変化すると貨幣需要関数自

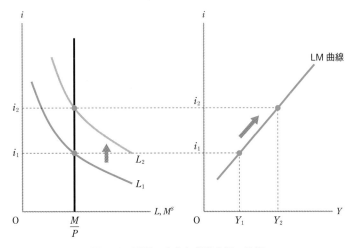

図6-3　所得の変化と貨幣市場の均衡

体がシフトするため，貨幣市場を均衡させる利子率の水準も変化することになります。

　所得が Y_1 に与えられているときの貨幣需要は

$$L = L(Y_1, i)$$

で表されました。この場合の貨幣需要は，図6-3の L_1 のように描くことができ，均衡利子率である i_1 が決まります。いま，所得が Y_1 から Y_2 へ増加したとします。これにより，貨幣需要は

$$L = L(Y_2, i)$$

で表されます。この場合の貨幣需要は，図6-3の L_2 のように描くことができます。すなわち，所得が Y_1 から Y_2 へ増加することで，貨幣需要関数は上方へシフトします。それにより，均衡利子率は i_2 へ上昇します。したがって，所得 Y の増加は，貨幣市場を均衡させる利子率を上昇させることがわかります。逆に，所得の減少は，均衡利子率を低下させます。

　以上の議論から，貨幣市場を均衡させる利子率は所得に応じて変化するこ

とがわかりました。このような，貨幣市場を均衡させる利子率と GDP の組み合わせを，縦軸に利子率，横軸に所得をとった平面に描いた曲線を LM 曲線といいます。図6-3 の右半分のグラフがそれにあたります。図から明らかなように，LM 曲線は右上がりとなります。すなわち，所得の増加は貨幣市場を均衡させる利子率を上昇させ，所得の減少はそれを低下させることがわかります。

　LM 曲線を数学的に表現してみましょう。貨幣需要を表す（6.1）式に，貨幣供給を表す（6.2）式を用いて，貨幣市場の均衡条件 $M^S = L$ を適用すると以下の式を得ることができます。

$$\frac{M}{P} = L(\overset{\oplus}{Y}, \overset{\ominus}{i}) \tag{6.3}$$

（6.3）式が LM 曲線を表す式です。LM 曲線は，貨幣市場を均衡させる（すなわち，貨幣需要 L と貨幣供給 M をバランスさせるような）所得と利子率の組み合わせを表します。したがって，（6.3）式で表される LM 曲線を図示すると，やはり，図6-3 のような右上がりの曲線が得られます。LM 曲線上のいかなる Y と i の組み合わせも貨幣市場を均衡させます。

6.3　LM 曲線の傾きと貨幣市場の均衡----------

　LM 曲線が右上がりになる理由を図6-4 と（6.3）式を用いながら考えてみましょう。LM 曲線を表す（6.3）式は，貨幣市場を均衡させるような所得と利子率の組み合わせを表しています。「貨幣市場が均衡する」とは，（6.3）式の左辺である実質貨幣供給と右辺の実質貨幣需要がバランスすることを意味します。

　いま，図6-4 の点 A で貨幣市場が均衡しているものとします。利子率は i_1，所得は Y_1 で表されます。この状態から所得のみが Y_1 から Y_2 へ増加したとします。それによって（6.3）式右辺の貨幣需要が増加します。他方，左辺の実質貨幣供給には変化がないため，（6.3）式の等号は成立しないことになります。具体的には，貨幣市場において，右辺の需要が左辺の供給を上回

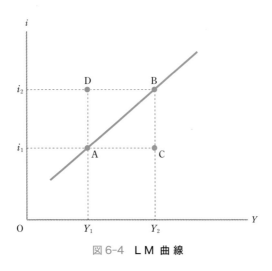

図6-4 LM曲線

るような超過需要が発生します。これは図6-4の点Cに相当します。

　このような状態から，(6.3) 式の等号が回復し，貨幣市場が再び均衡するためには，どうなればよいのでしょうか。ここでの超過供給は，右辺の需要（実質貨幣需要）が左辺の供給（実質貨幣供給）に比べて過大になることで発生していますが，左辺の実質貨幣供給は一定であるため，このような超過需要を解消させるためには，貨幣需要が再び減少する必要があります。貨幣需要Lは利子率iの減少関数であるため，iが上昇することで，超過供給は解消されます。特に，図6-4において，利子率がi_2まで上昇すると，十分に貨幣需要が増加し，その結果，(6.3) 式は等号を回復することになります。

　これは図6-4において点Cから点Bへの移動に相当します。点Bにおける所得Y_2と利子率i_2はLM曲線上にありますので，貨幣市場は均衡しています。点CのようなLM曲線の右下方に位置するような所得と利子率の組み合わせは貨幣市場で超過需要が発生する点です。

　それに対して，点Aにおいて，利子率がi_1からi_2へ上昇したとします。それによって，(6.3) 式右辺の貨幣需要が減少します。他方，左辺の貨幣供給には変化がないため，(6.3) 式の等号は成立せず，この場合は，左辺の供

給が右辺の需要を上回るような超過供給が財市場で発生します。これは図6-4の点Dに相当します。

　このような超過供給は，右辺の需要が左辺の供給に比べて過小になっていることで発生していますので，（6.3）式の等号が回復し貨幣市場が再び均衡するためには，所得が増加することで，右辺の貨幣需要が増加する必要があります。特に，図6-4において，所得がY_2まで増加すると，（6.3）式は等号を回復することになります。これは図6-4において点Dから点Bへの移動に相当します。点Bにおける所得Y_2と利子率i_2はLM曲線上にありますので，貨幣市場は均衡しています。点DのようなLM曲線の左上方に位置するような所得と利子率の組み合わせは貨幣市場で超過供給が発生する点です。

　以上のように，（6.3）式において，貨幣需要Lが所得Yの増加関数であり，利子率iの減少関数であるという性質から，LM曲線は右上がりであることを導くことができます。

[LM 曲線の傾き]

$$\frac{M}{P}=L(\overset{\oplus}{Y}, \overset{\ominus}{i})$$

$Y\uparrow$（Yが増加した）とする。この結果 $L\uparrow$（Lが増加する）。

結果的に右辺が大きくなるので，等号が不成立となる。

等号を回復するためには，左辺が一定であることから，$L\downarrow$（Lが減少する）必要がある。

$L\downarrow$ のためには，$i\uparrow$（iが上昇する）必要がある。

　　結論：$Y\uparrow \Rightarrow i\uparrow$　（したがって，LM曲線は右上がり）

6.4　LM 曲線のシフト

前節で見たように，LM曲線は，貨幣市場を均衡させる利子率と所得の組

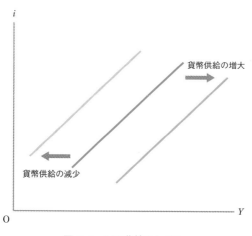

図 6-5　**LM 曲線のシフト**

み合わせを表しています。利子率が変化すると所得は LM 曲線に沿って変化し，また，同様に所得が変化すると利子率は LM 曲線に沿って変化します。ところで，（6.3）式を見ると，LM 曲線は，利子率と所得だけでなく，名目貨幣供給 M にも依存します（物価水準 P は当面一定であると仮定します）。M の変化は，LM 曲線自体をシフトさせます。

　図 6-5 を用いて考えましょう。いま，名目貨幣供給 M が増加したとします。これは（6.3）式において，左辺が増加することを意味します。このとき，貨幣市場の均衡を保つためには，右辺の貨幣需要が増加する必要があります。貨幣需要の増加は，所得 Y の増加によってもたらされますので，貨幣供給の増加は，与えられた利子率に対して，貨幣市場を均衡させる所得を増加させる方向に作用することがわかります。すなわち，貨幣供給の増加は，LM 曲線を右下方へシフトさせます。反対に，貨幣供給の減少は，LM 曲線を左上方へシフトさせます。

> [LM 曲線のシフト]
>
> $$\frac{M}{P} = L(\overset{\oplus}{Y}, \overset{\ominus}{i})$$
>
> $M\uparrow$（M が増加した）とする。左辺が大きくなるので，等号が不成立となる。
>
> ここで，i が一定であると仮定する。
>
> 等号を回復するためには，右辺を大きくしなければならない。
>
> そのためには，$L\uparrow$（L が増加する）必要がある。
>
> $L\uparrow$ のためには，$Y\uparrow$（Y が増加する）必要がある。
>
> 　結論：$M\uparrow \Rightarrow$ LM 曲線が右下方にシフト

6.5　LM 曲線の傾きに影響を与える要因-------

　LM 曲線の傾きの大きさに影響を与える要因はいくつかありますが，ここではその代表的なものとして貨幣需要の利子弾力性を取り上げます。貨幣需要の利子弾力性とは，利子率の変化に対する，貨幣需要の変化の割合によって表されます。特に，貨幣需要の利子弾力性が小さい場合には LM 曲線の傾きが急になり，逆に，それが大きい場合には LM 曲線の傾きが緩やかになることを示します。

　まず，貨幣需要と利子率の関係は，（6.1）式の貨幣需要関数によって表されました。

$$L = L(Y, i)$$

利子率の変化が貨幣需要に与える影響の大きさは，貨幣需要関数の傾きで表されます。図 6-6 の (a) を見てください。貨幣需要関数の傾きが急な場合には，利子率 i が大きく上昇しても，貨幣需要 L がほとんど減少しません。この場合，貨幣需要の利子弾力性は小さいと言えます。逆に，貨幣需要関数

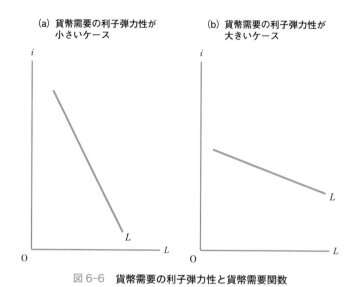

(a) 貨幣需要の利子弾力性が
　　小さいケース

(b) 貨幣需要の利子弾力性が
　　大きいケース

図 6-6　貨幣需要の利子弾力性と貨幣需要関数

　の傾きが緩やかな場合には，利子率のわずかな上昇に対して，貨幣需要は大きく減少します。これは，貨幣需要の利子弾力性が大きいケースに相当し，図 6-6 の **(b)** で表されます。

　まず，貨幣需要の利子弾力性が小さいケースについて考えます。貨幣需要の利子弾力性が小さいこと（すなわち，貨幣需要関数の傾きが急なこと）は，LM 曲線ではどのように反映されるのでしょうか。LM 曲線を導出した際，所得 Y が増加したときに，貨幣市場を均衡させる利子率 i の変化を追いながら同曲線を導いたことを思い出してください。所得の増加は，貨幣需要を増加させます。貨幣供給量が一定の下で貨幣市場を均衡させるためには，利子率が上昇して貨幣需要を減少させる必要があります。貨幣需要の利子弾力性が小さい場合には，貨幣需要を減少させるために必要な利子率の上昇の程度は大きくなります。すなわち，この場合には，LM 曲線の傾きは急になります。

　逆に，貨幣需要の利子弾力性が大きい場合には，利子率がわずかに上昇しただけでも，貨幣需要は大きく減少します。したがって，所得 Y の増加で

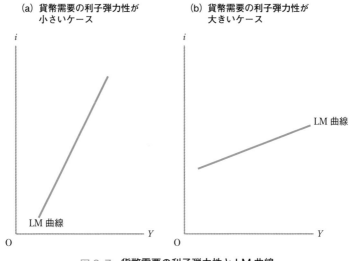

図 6-7　貨幣需要の利子弾力性と LM 曲線

生じた貨幣市場の超過需要を解消させる（すなわち，貨幣需要を減少させる）ために必要な利子率の上昇の程度は小さくなります。貨幣需要の利子弾力性が大きい場合には，LM 曲線の傾きは緩やかになります。図 6-7 は，それぞれのケースに対応し LM 曲線を示しています。

[貨幣需要の利子弾力性が小さい場合，LM 曲線の傾きは急になる]

$$\frac{M}{P}=L(\overset{\oplus}{Y},\ \overset{\ominus \text{小}}{i})$$

LM 曲線の傾きを考えたときと同様に考える。

$Y\uparrow$（Y が増加した）とする。この結果 $L\uparrow$（L が増加する）。

結果的に右辺が大きくなるので，等号が不成立となる。

等号を回復するためには，左辺が一定であることから，$L\downarrow$（L が減少する）必要がある。

$L\downarrow$ のためには，$i\uparrow$（i が上昇する）必要がある。

このとき，貨幣需要の利子弾力性が小さい場合，$L\downarrow$ のために，$i\uparrow$ が非常に大きく上昇する。

結論：貨幣需要の利子弾力性が小さい場合，LM 曲線の傾きは急になる。

6.6　具体的な関数形を用いた例----------------

最後に，貨幣需要関数（6.1）が具体的な関数形で表される場合に，LM 曲線がどのように表されるかを考えます。

まず，貨幣需要関数を以下のような形で定式化します。

$$L = kY - li + L_0 \qquad (6.4)$$

ここで，L_0 は，所得や利子率とは独立に決まる貨幣需要の大きさを表します。k は，所得の変化に伴う貨幣需要の変化の大きさを表し，正の定数（$k > 0$）であると仮定します。l は，利子率の変化に伴う貨幣需要の変化の大きさを表し，同じく，正の定数（$l > 0$）であると仮定します。貨幣需要関数の傾きは $-1/l$ で表されます。いま，投資が利子率のわずかな変化に対して大きく反応するとき，l の値は大きくなることから，貨幣需要関数の傾きは緩やかになります。逆に，貨幣需要が利子率の大きな変化に対してもほとんど反応しないとき，l の値は小さくなり，貨幣需要関数の傾きは急になります。

（6.2）式，（6.4）式と貨幣市場の均衡条件 $L = M^s$ を用いると以下の式を得ることができます。

$$\frac{M}{P} = kY - li + L_0$$

これを i について解くことで以下の式を得ることができます。

$$i = \frac{k}{l}Y + \frac{L_0 - (M/P)}{l} \qquad (6.5)$$

（6.5）式が LM 曲線を表します。この場合，式からもわかるように，LM 曲

線は，傾き $\frac{k}{l}$，切片 $\frac{L_0 - (M/P)}{l}$ の直線で表されます。

■ Active Learning

問題 1：貨幣市場の均衡　ある経済における貨幣需要関数が以下のように与えられている。

$$L = Y - 0.2i$$

ただし，L は貨幣需要，i は利子率を表す。また，Y は所得を表し $Y = 10$ であるとする。

(1)　貨幣需要関数を縦軸に i，横軸に L をとった平面に図示しなさい。

(2)　名目貨幣供給量が 16，物価水準が 2 で与えられるとき，貨幣市場を均衡させる利子率を求めなさい。

(3)　当初の状態から，所得が 12 に増加したときの貨幣需要曲線を求め，それを図示しなさい。また，これにより利子率はどう変化するかを説明しなさい。

問題 2：LM 曲線　ある経済における貨幣需要関数，実質貨幣供給量，物価水準が以下のように与えられている。

　　　　貨幣需要関数：$L = 0.6Y - 0.3i$
　　　　名目貨幣供給量：$M = 6$
　　　　物価水準：$P = 1$

ただし，Y は所得，i は利子率を表す。

(1)　この経済の LM 曲線を求め，それを図示しなさい。

(2)　当初の状態から，名目貨幣供給量が 12 に増加したときの LM 曲線を求め，それを図示しなさい。また，(1)のケースと比較し，LM 曲線はどう変化するかを説明しなさい。

(3)　当初の状態から，貨幣需要関数が $L = 0.6Y - 1.2i$ に変化したときの LM 曲線を求め，それを図示しなさい。また，(1)のケースと比較し，LM 曲線はどう変化するかを説明しなさい。

● Point Check　ケインズ派マクロ経済モデル

財市場の均衡

$$Y = C + I + G \qquad (K1)$$

消費関数（消費と所得の関係）

$$C = C(\overset{\oplus}{Y - T}) \qquad (K2)$$

投資関数（投資と利子率の関係）

$$I = I(\overset{\ominus}{i}) \qquad (K3)$$

IS 曲線

$$I(\overset{\ominus}{i}) = S(\overset{\oplus}{Y - T}) + (T - G) \qquad (\mathrm{K : IS})$$

LM 曲線（貨幣市場の均衡）

$$\frac{M}{P} = L(\overset{\oplus}{Y}, \overset{\ominus}{i}) \qquad (K4)$$

フィッシャー方程式

$$r = i - \pi^e \qquad (K5)$$

実質賃金

$$w = \frac{\overline{W}}{P} \qquad (K6)$$

労働量

$$N = N^D(w) \qquad (K7)$$

生産関数

$$Y = F(\overline{K}, N) \qquad (K8)$$

この講では，（K4）について説明しました。

第7講
IS-LM 分析①
: 均衡

■第3講では，財市場を考え，市場を均衡させるような利子率と産出量の関係を表す IS 曲線を導出しました。一方，第6講では，貨幣市場を考え，やはり，市場を均衡させるような利子率と産出量の関係を表す LM 曲線を導出しました。この講では，財市場と貨幣市場の均衡を同時に考え，マクロ経済の一般均衡についての分析を進めます。

7.1　IS-LM 分析--------------------------------------

第1講で学んだように，マクロ経済学においては，財市場，資産市場および労働市場を取り上げます。このうち，労働市場については，本書の前半部では明示的に扱わず（第10講以降で取り上げます），まずは，財市場と資産市場に焦点をあてて分析を進めてきました。その際，第4講では，資産市場は貨幣市場と債券市場に分けられることを示した上で，ワルラス法則により，貨幣市場のみを分析すればよいことを学びました。したがって，当面，マクロ経済を分析するためには，財市場と貨幣市場の均衡のみを考えればよいことになります。

財市場を分析した第2講においては，45度線分析により，市場を均衡させるような GDP（フロー）の水準を考えました。ところが，第3講において説明したように，総需要を構成する項目の一部である投資は，貨幣市場において決まる利子率の影響を受けます。また，貨幣市場を分析した第6講においては，市場を均衡させるような貨幣量（ストック）と利子率について学びました。この場合も，やはり，第6講で説明した通り，貨幣需要は財市場に

おいて決まる GDP（所得）の影響を受けます（貨幣の取引需要）。すなわち，マクロ経済を分析する際には，財市場におけるフローの均衡と貨幣市場におけるストックの均衡を同時に考える必要があります。

　以上から，財市場と貨幣市場は，GDP と利子率という 2 つの変数を通じて相互に影響を及ぼし合っていると言えます。これらの市場間の相互作用を分析するために用いられるツールが IS-LM モデルと呼ばれる分析ツールです。

7.2　財市場と資産市場の同時均衡---------------

　前講までに学んだ IS 曲線と LM 曲線をもう一度確認しておきましょう。まず，財市場を均衡させるような GDP と利子率の組み合わせを示す IS 曲線は，次のように導出されました。

$$I(i) = S(Y-T) + (T-G) \tag{7.1}$$

IS 曲線は，縦軸に名目利子率 i，横軸に実質 GDP Y をとった平面において，右下がりの曲線として表されました。IS 曲線上のどのような Y と i の組み合わせも，財市場を均衡させます。

　次に，貨幣市場を均衡させるような GDP と利子率の組み合わせを示す LM 曲線は，次のように導出されました。

$$\frac{M}{P} = L(Y, i) \tag{7.2}$$

LM 曲線は，同様の平面において，右上がりの曲線として表されました。LM 曲線上のどの Y と i の組み合わせも，貨幣市場を均衡させます。

　以上の点を踏まえて，IS 曲線と LM 曲線を同一平面上に図示したものが図 7-1 です。上でも述べましたが，この講で考えるのは，財市場と貨幣市場の同時均衡です。同時均衡においては，GDP と利子率は，財市場を均衡させ，また，同時に，貨幣市場も均衡させます。それらを同時に満たすのは，図 7-1 における点 E となります。点 E に対応する Y^* と利子率 i^* が，それぞれ均衡 GDP と均衡利子率です。Y^* と i^* の下では，財市場と貨幣市場の両

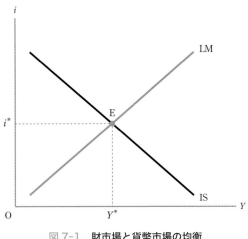

図 7-1　財市場と貨幣市場の均衡

市場が均衡しています。

　均衡 GDP と均衡利子率について，もう少し詳しく考えましょう。前講までの議論において，LM 曲線や IS 曲線を導く際には，物価 P は一定であると仮定しました。したがって，IS 曲線上にある Y^* は，物価水準が一定の下で，総需要と総供給を一致させるような産出量です。言うまでもありませんが，このような財市場の均衡は，利子率が i^* の場合にのみ実現します。

　他方，LM 曲線上にある i^* は，物価水準が一定の下で，貨幣需要と貨幣供給を一致させるような利子率です。やはり，このような貨幣市場の均衡は，GDP が Y^* の場合にのみ成立します。すなわち，財市場を均衡させるような GDP と利子率の組み合わせは，貨幣市場を均衡させる GDP と利子率の組み合わせに等しくなっています。

　貨幣市場を均衡させる GDP と利子率は，債券の需要と供給も等しくさせていますので，債券市場も均衡しています。したがって，均衡 GDP と均衡利子率の下では，マクロ経済の財市場と資産市場の均衡が成立していることになります。

7.3 均衡 GDP と均衡利子率に影響を与える要因

■ IS・LM 曲線と財・貨幣市場の均衡

　前講でも詳しく説明しましたが，IS 曲線は，(7.1) 式の左辺で表される投資 I と右辺で表される貯蓄 S をバランスさせる（すなわち，財市場における総需要と総供給が一致する）所得と利子率の組み合わせを表します。そして，利子率が一定の下で，所得 Y が財市場を均衡させるような水準（すなわち，IS 曲線上の Y）を上回ると，貯蓄が投資を超過することから，財市場において超過供給が発生します。同様に，所得 Y が一定の下で，利子率が財市場を均衡させるような水準を上回っても，投資が貯蓄に比べて過小になるため，やはり，財市場では超過供給が発生します。

　このような超過供給は，IS 曲線の右上方に位置するすべての所得と利子率の組み合わせにおいて発生します。つまり，図 7-2 の I と IV のような領域における所得と利子率の組み合わせです。逆に，IS 曲線の左下方に位置するような所得と利子率の組み合わせでは，財市場において超過需要が発生します。図 7-2 の II と III の領域における所得と利子率の組み合わせに相当します。

　一方，LM 曲線は，(7.2) 式の左辺で表される貨幣供給と右辺で表される貨幣需要を一致させる所得と利子率の組み合わせを表します。そして，利子率が一定の下で，所得 Y が貨幣市場を均衡させるような水準（すなわち，LM 曲線上の Y）を上回ると，貨幣に対する需要が供給を超過することから，貨幣市場において超過需要が発生します。同様に，所得 Y が一定の下で，利子率が財市場を均衡させるような水準を下回っても，貨幣に対する需要が供給に比べて過大になるため，やはり，貨幣市場では超過需要が発生します。

　このような超過需要は，LM 曲線の右下方に位置するすべての所得と利子率の組み合わせにおいて発生します。つまり，図 7-2 の III と IV のような領域における所得と利子率の組み合わせです。逆に，LM 曲線の左上方に位置するような所得と利子率の組み合わせでは，貨幣市場において超過供給が発生します。図 7-2 の I と II の領域における所得と利子率の組み合わせに相

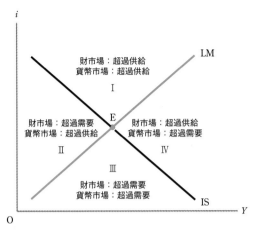

図 7-2　IS 曲線と LM 曲線

当します。

　以上をまとめると，領域Ⅰにおいては，財市場・貨幣市場の両市場において超過供給が発生し，領域Ⅱにおいては財市場では超過需要，貨幣市場では超過供給が発生します。領域Ⅲにおいては，両市場において超過需要が発生し，領域Ⅳにおいては財市場では超過供給，貨幣市場では超過需要が発生します。

■ IS・LM 曲線のシフト

　均衡 GDP と均衡利子率は，IS 曲線や LM 曲線がシフトした場合に変化します。例えば，**第 3 講**では，政府支出 G の増加は，IS 曲線を右上方向へシフトさせることを学びました。**図 7-3** は，そのような変化を描いたものです。図から，IS 曲線の右上方向へのシフトにより，均衡は，点 E から点 E′へと変化し，その結果，均衡 GDP は増加し，均衡利子率は上昇することがわかります。

　このような均衡の変化は，財市場と貨幣市場におけるどのような調整によって実現されるのでしょうか。議論を簡単にするため，次の 2 つの仮定を

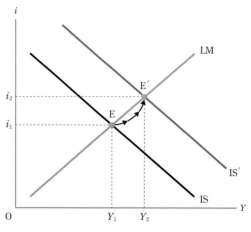

図7-3　IS 曲線のシフトと均衡の変化

設けます。

仮定1：財市場において超過需要（供給）が発生するとき，産出量が増加（減少）する。

仮定2：貨幣市場において超過需要（供給）が発生するとき，利子率が上昇（低下）する。

いま，政府支出が増加し，IS 曲線が IS から IS′ へシフトしたとします。このとき，所得と利子率が Y_1 と i_1 から変わらなければ（すなわち，均衡が E のままであれば），財市場において超過需要が発生します（図7-2 において，IS 曲線の左下方に位置する所得と利子率の組み合わせでは，財市場で超過需要が発生したことを思い出してください）。これにより産出量が増大します。利子率が i_0 のまま，産出量（所得）Y が増加すると，今度は貨幣市場でも超過需要が発生します（図7-2 において，LM 曲線の右下方に位置する所得と利子率の組み合わせでは，貨幣市場で超過需要が発生したことを思い出してください）。これにより利子率が上昇することで貨幣市場における超過需要が解消されます。ただし，財市場における超過需要が解消されない限り，産出量は増大し，それにより貨幣市場において利子率も上昇し続けます。最終的に，産出量が

Y_2, 利子率が i_2 に達したところで，財市場と貨幣市場における超過需要とは解消され，産出量と利子率のこれ以上の調整も行われなくなります。このような調整過程を経て，新たな均衡 E′ が実現されます。

7.4 　均衡 GDP と均衡利子率の数学的導出-----

　最後に，均衡 GDP と均衡利子率を数学的に導出しましょう。まず，**第3講**において，IS 曲線は次のように表されました。

$$i = \frac{1-c}{v} Y + \frac{C_0 - cT + I_0 + G}{v}$$

これを以下のように変形します。

$$Y = \frac{C_0 - cT + I_0 + G}{1-c} - \frac{v}{1-c} i \tag{7.3}$$

また，**第6講**において，LM 曲線は次のように表されました。

$$i = \frac{k}{l} Y + \frac{L_0 - (M/P)}{l}$$

上の式を（7.3）式に代入すると

$$Y = \frac{C_0 - cT + I_0 + G}{1-c} - \frac{v}{1-c}\left(\frac{k}{l} Y + \frac{L_0 - (M/P)}{l} \right) \tag{7.4}$$

を得ます。これを Y について解くと，均衡 GDP が次のように求められます。

$$Y^* = \frac{\psi l}{1-c}(C_0 - cT + I_0 + G) - \frac{\psi v}{1-c}(L_0 - (M/P)) \tag{7.5}$$

ただし，

$$\psi = \frac{1-c}{(1-c)l + vk}$$

です。ψ（プサイ）は，正の定数です。（7.5）式より，均衡 GDP Y^* は，2種類の外生変数の変化の影響を受けることがわかります。1つ目は，右辺の第1項の括弧内の変数である租税 T や政府支出 G といった財政政策の変数です。2つ目は，右辺の第2項の括弧内の変数である貨幣供給量 M です。貨

幣供給量 M は金融政策により中央銀行がコントロールできますので，均衡 GDP は金融政策によっても影響を受けることになります。

　次に，均衡利子率を求めてみましょう。均衡利子率は，(7.5) 式で求めた均衡 GDP に LM 曲線を表す式を代入することで次のように求めることができます。

$$i^* = \frac{\psi k}{1-c}(C_0 - cT + I_0 + G) + \psi(L_0 - (M/P)) \tag{7.6}$$

やはり，(7.6) 式より，均衡利子率 i^* は，財政政策の変数（右辺第 1 項の括弧内の T や G）と貨幣供給量の変化の影響を受けることがわかります。**第 8 講**および**第 9 講**では，このような財政政策や金融政策の効果について，IS 曲線と LM 曲線を用いて詳しく分析します。

■ Active Learning

問題 1：均衡 GDP と均衡利子率の導出　以下のようなマクロ経済を考える。

　　　　　消費関数：$C = 0.8Y + 80$
　　　　　投資関数：$I = 60 - 10i$
　　　　　政府支出：$G = 33$
　　　　　貨幣需要関数：$L = Y - 100i$
　　　　　名目貨幣供給量：$M = 400$
　　　　　物価水準：$P = 1$

　ただし，C は消費，Y は所得，I は投資，i は利子率，G は政府支出，L は貨幣需要量，M は名目貨幣供給量，P は物価水準を表す。

(1)　IS 曲線と LM 曲線を求め，それらを図示しなさい。

(2)　均衡 GDP と均衡利子率を求め，それらを (1) の図に示しなさい。

問題 2：各市場における超過需要・供給　以下のようなマクロ経済を考える。

　　　　　消費関数：$C = 0.5Y + 10$
　　　　　投資関数：$I = 10 - 5i$
　　　　　政府支出：$G = 30$
　　　　　貨幣需要関数：$L = Y - 10i + 50$

名目貨幣供給量：$M = 50$

ただし，C は消費，Y は所得，I は投資，i は利子率，G は政府支出，L は貨幣需要量，M は名目貨幣供給量を表し，物価水準は 1 であるとする。

(1) IS 曲線と LM 曲線を求めなさい。

(2) 均衡 GDP と均衡利子率を求めなさい。

(3) (2)の状況において，利子率のみが上昇するとき，財市場と貨幣市場では何が起こるだろうか。説明しなさい。

(4) (2)の状況において，所得のみが下落するとき，財市場と貨幣市場では何が起こるか。説明しなさい。

● Point Check　ケインズ派マクロ経済モデル

財市場の均衡

$$Y = C + I + G \qquad \text{(K1)}$$

消費関数（消費と所得の関係）

$$C = C(\overset{\oplus}{Y - T}) \qquad \text{(K2)}$$

投資関数（投資と利子率の関係）

$$I = I(\overset{\ominus}{i}) \qquad \text{(K3)}$$

IS 曲線

$$I(\overset{\ominus}{i}) = S(\overset{\oplus}{Y - T}) + (T - G) \qquad \text{(K : IS)}$$

LM 曲線（貨幣市場の均衡）

$$\frac{M}{P} = L(\overset{\oplus}{Y}, \overset{\ominus}{i}) \qquad \text{(K4)}$$

フィッシャー方程式

$$r = i - \pi^e \qquad \text{(K5)}$$

実質賃金

$$w = \frac{\overline{W}}{P} \qquad \text{(K6)}$$

労働量

$$N = N^D(w) \qquad \text{(K7)}$$

生産関数

$$Y = F(\overline{K}, N) \qquad \text{(K8)}$$

この講では，（K : IS）と（K4）について説明しました。

第8講
IS-LM 分析②
：財政政策

■第 7 講では，IS 曲線と LM 曲線を用いて，財市場と貨幣市場を同時に均衡させる利子率と GDP の組み合わせについて考えました。第 3 講と第 5 講でも学んだように，IS 曲線と LM 曲線は，政府や中央銀行の政策の影響を受けます。この講では，まず，政府による財政政策の実施が，IS 曲線と LM 曲線の交点によって記述される財市場と貨幣市場の同時均衡にどのような影響を与えるのかについて学びます。

8.1 財政政策と IS 曲線-------------------------

■ 財政政策の影響

　財政政策とは，政府支出 G や租税 T を裁量的に変化させることによって GDP に影響を与える政策です。**第 2 講**で 45 度線のモデルを用いて，財市場の均衡について学んだ際にも，政府支出 G や租税 T の変化は均衡 GDP を変化させました。例えば，G が ΔG だけ増えたとき，均衡 GDP は $\Delta G/(1-MPC)$ だけ増加しました。これは，投資（つまり利子率）が一定であれば，その水準に関係なく成り立つ性質です（45 度線のモデルでは，投資は外生的であると仮定したため，利子率は乗数プロセスに影響を与えなかったことを思い出してください）。

　IS 曲線と LM 曲線はそれぞれ次のように表されました。

$$I(i) = S(Y-T) + (T-G) \qquad \text{(IS 曲線)}$$

$$\frac{M}{P} = L(Y, i) \qquad\qquad \text{(LM 曲線)}$$

ここで，財政政策の変数を表す政府支出 G と租税 T は，IS 曲線にのみ入っていますので，財政政策の実施によって影響を受けるのは IS 曲線のみとなります。

ところで，先ほど，利子率が一定であれば，政府支出の ΔG だけの増加は，均衡 GDP を $\Delta G/(1-MPC)$ だけ増加させると言いましたが，これは，投資が利子率によって変化する IS 曲線の場合にも成立します。つまり，政府支出の増加に伴って IS 曲線は水平方向に（Y で測って），$\Delta G/(1-MPC)$ だけシフトします。

これを式で確認しましょう。いま，政府支出 G が ΔG だけ増加したとします。これは上の IS 曲線の式において，左辺を表す投資が ΔG だけ増加することを意味します。利子率 i が一定の下で，財市場の均衡を保つためには，右辺を表す貯蓄も ΔG だけ増加しなければなりません。貯蓄 S は所得 Y の増加関数であるため，貯蓄を増加させるためには，Y が増加する必要があります。Y の 1 単位の増加による貯蓄の増加分は限界貯蓄性向 MPS（1 から限界消費性向 MPC を差し引いたもの，つまり $1-MPC$）で表されます。これは，貯蓄を 1 単位増やすためには，所得が $1/MPS$ 単位増加する必要があることを意味します。したがって，貯蓄を ΔG だけ増加させるためには，所得が $\Delta G/MPS = \Delta G/(1-MPC)$ だけ増えなければなりません。

以上から，政府支出 G が ΔG だけ増加すると，IS 曲線が水平方向に $\Delta G/(1-MPC)$ だけシフトすることになります。これは，図 8-1 における IS 曲線の右上方向へのシフトに相当します。それにより，マクロ経済の均衡点は点 A から点 B へ移動します。

図から，均衡 GDP は Y_1 から Y_2 に増加し，均衡利子率は i_1 から i_2 に上昇することがわかります。

■ クラウディング・アウト

ここで次のような疑問が生じます。

上で述べた通り，IS 曲線のみを考えると（財市場の均衡のみを考えると），

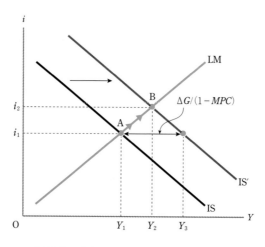

図8-1　政府支出の増加とIS曲線のシフト

政府支出のΔGだけの増加に伴ってもたらされるGDPの増加分は$\Delta G/(1-MPC)$でした。これは図8-1ではY_3-Y_1に相当します。ところが，LM曲線を考えると（財市場に加えて貨幣市場の均衡も考慮すると），GDPの増加分はY_2-Y_1となります。なぜこのようなことが生じるのでしょうか。

　財市場の均衡のみを考えた**第2講**における乗数分析では，投資Iは外生的であると仮定しました。つまり，Gが増加してもIは変化しません。Iが変わらないということは，利子率も変化していないことを意味します。Gが増加した場合に，利子率が変化しないようなGDPの増加分は，図8-1で示したような，IS曲線の水平方向への変化分である$\Delta G/(1-MPC)$に相当します。すなわち，Y_3-Y_1のことです。

　しかしながら，LM曲線を考慮すると，GDPの増加に伴って利子率iが上昇するため，投資Iが減少し，その分GDPの増加分は小さくなります。図表8-1のY_3-Y_2のことです。このように，政府支出の増加が利子率を上昇させ，民間投資を減退させることを，**クラウディング・アウト**と呼びます。クラウディング・アウトとは，英語で「押し出す」を意味します。貨幣市場を考慮し，投資Iが利子率によって変化する状況を考えると，政府支出G

の増加による GDP の増加分は，クラウディング・アウト分を差し引いて $Y_2 - Y_1$ に留まります。

　政府支出の増加により財市場で GDP が増加した場合，それに伴って貨幣市場で利子率 i が上昇するのは，なぜでしょうか。**第5講**で学んだように，財市場での GDP の増加は，貨幣市場において，貨幣の取引需要を増加させます。取引需要の増加は，貨幣需要 L の増加を意味します。これにより貨幣市場において，貨幣に対する需要が供給を上回る超過需要が発生します。ところが，ワルラス法則により，貨幣に対する需要の増加は，債券に対する需要の減少を意味します。このような債券市場における超過供給により，債券に対する価格が下落します。債券価格の下落は，利子率の上昇を意味しますので，結果的に，財市場における GDP の増加は，貨幣市場において利子率の低下をもたらすことになります。

8.2　クラウディング・アウトと財政政策の効果

　クラウディング・アウトが存在すると，政府支出の増加による GDP の増加分は，それがない場合に比べて小さくなります。したがって，クラウディング・アウトが大きくなればなるほど，財政政策の効果は小さくなるといえます。それでは，どのような場合に，クラウディング・アウトが大きく，財政政策が小さくなるのでしょうか。

　上で説明した通り，クラウディング・アウトは，政府支出の増加による所得の増加が，①貨幣需要が増加することで利子率を上昇させ，②それにより投資が減少する効果です。したがって，(1)貨幣需要の利子弾力性が小さければ小さいほど，(2)投資の利子弾力性が大きければ大きいほど，財政政策の効果は小さくなるといえます。

■ 貨幣需要の利子弾力性

　(1)の貨幣需要の利子弾力性が小さい場合に財政政策の効果が小さくなる理由から考えましょう。**第6講**で学んだように，貨幣需要の利子弾力性は，貨

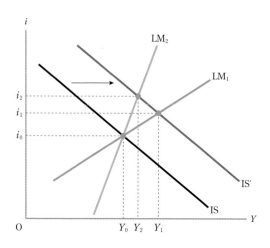

図 8-2　貨幣需要の利子弾力性と財政政策の効果

幣需要 L が利子率 i の変化に対してどれほど敏感に反応するかを表す指標です。貨幣需要の利子弾力性が小さい場合，LM 曲線の傾きは急になり，貨幣需要の利子弾力性が大きい場合，LM 曲線の傾きは緩やかになったことを思い出してください。例えば，貨幣需要の利子弾力性が大きいときには，利子率のわずかな上昇に対して貨幣需要が大きく減少します。逆に言えば，貨幣需要の利子弾力性が大きい場合に貨幣需要の大きな減少を引き起こすための利子率の低下はわずかでよいことになります。

　貨幣需要の利子弾力性が小さい場合に，財政政策の効果が小さくなることを図で確認しましょう。図 8-2 の LM_1 は，貨幣需要の利子弾力性が大きく，LM 曲線の傾きが緩やかなケースを表しています。また，LM_2 は，貨幣需要の利子弾力性が小さく，LM 曲線の傾きが急なケースを示しています。政府支出の増加によって，IS 曲線が IS から IS′ へ右上方向にシフトするとき，LM 曲線が LM_1 で与えられているときの均衡 GDP の変化の大きさ $Y_1 - Y_0$ と，LM 曲線が LM_2 で与えられているときの均衡 GDP の変化の大きさ $Y_2 - Y_0$ を比較すると，後者の変化の方が小さくなることがわかります。すなわち，財政政策の効果が小さくなります。

■ 投資の利子弾力性

　次に(2)の投資の利子弾力性が大きい場合に財政政策の効果が小さくなる理由を考えます。**第3講**で学んだように，投資の利子弾力性は，投資 I が利子率 i の変化に対してどれほど敏感に反応するかを表す指標でした。投資の利子弾力性が小さい場合，IS 曲線の傾きは急になり，投資の利子弾力性が大きい場合，IS 曲線の傾きは緩やかになったことを思い出してください（図3-8 参照）。例えば，投資の利子弾力性が大きいときには，利子率のわずかな上昇に対して投資が大きく減少します。財市場における所得の増加によって，貨幣市場において利子率が上昇するとき，投資は大きく減少します。すなわち，クラウディング・アウトは大きくなり，財政政策の効果が小さくなります。

　それでは，投資の利子弾力性が大きい場合に財政政策の効果が小さくなることを図で確認してみましょう。図8-3 の IS_1 は，投資の利子弾力性が小さく，IS 曲線の傾きが急なケースを表しています。また，図8-4 の IS_2 は，投資の利子弾力性が大きく，IS 曲線の傾きが緩やかなケースを示しています。政府支出の増加によって，IS 曲線がそれぞれ IS_1 から IS_1'，IS_2 から IS_2' へと

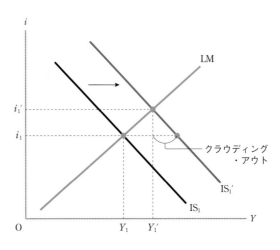

図8-3　投資の利子弾力性が小さい場合の財政政策の効果

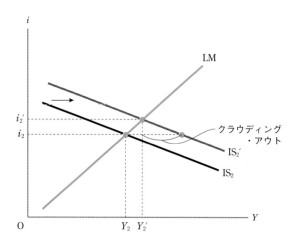

図 8-4 投資の利子弾力性が大きい場合の財政政策の効果

右上方向にシフトするとき，均衡 GDP の変化のそれぞれの大きさ $Y_1' - Y_1$ と $Y_2' - Y_2$ を比較すると，後者の変化の方が小さくなることがわかります。すなわち，財政政策の効果が小さくなります。

8.3 財政政策の効果が大きくなるケース-------

前節において，クラウディング・アウトが大きくなる場合には，財政政策の効果が小さくなることを確認しました。特に，(1)貨幣需要の利子弾力性が小さく，(2)投資の利子弾力性が大きいほど，クラウディング・アウトが大きくなりました。このことは，逆に言えば，(a)貨幣需要の利子弾力性が大きく，(b)投資の利子弾力性が小さくなるほど，クラウディング・アウトが小さくなり，財政政策の効果が大きくなることを意味します。

(a)の貨幣需要の利子弾力性が大きい場合には，財政政策によって所得が増加し，貨幣市場において超過需要が発生したとき，それを解消するために必要な利子率の上昇の程度は小さくなります。したがって，このとき，貨幣

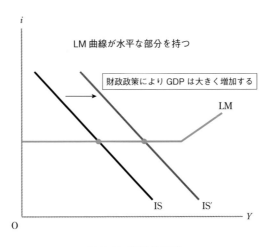

図 8-5　流動性の罠

需要関数の傾きは緩やかになり，LM 曲線の傾きも緩やかになります。LM 曲線が緩やかな場合，財政政策によって，政府支出が拡大したときの利子率の上昇の程度は小さくなります。その結果，投資の減少幅も小さくなるため，クラウディング・アウトは小さくなります。

　貨幣需要の利子弾力性が非常に大きく，LM 曲線が水平になってしまうケースを流動性の罠と呼びます（図 8-5）。この場合，財政政策によるクラウディング・アウトは全く発生しないため，政府支出拡大により，所得は大きく増加します。

　(b) の投資の利子弾力性が小さい場合には，財政政策によって貨幣市場において利子率が大きく上昇しても，投資の減少の程度はそれほど大きくありません。これは投資関数の傾きが急なケースに相当します。このとき，IS 曲線の傾きは急になります。IS 曲線の傾きが急な場合には，図 8-3 でも確認したように，クラウディング・アウトは小さくなります。したがって，財政政策の効果は大きくなります。

8.4 租税政策の効果 --------------------------------

　これまでは，財政政策のうち，政府支出を裁量的に変化させる政策のみを取り上げましたが，租税を変化させる政策も財政政策の重要な手段です。**第2講**で45度線のモデルを用いて，租税政策について分析した際には，租税 T が ΔT だけ減少したとき，乗数効果により，均衡 GDP は $MPC \cdot \Delta T/(1-MPC)$ だけ増加しました。

　IS-LM 分析においては，租税政策はどのような効果を持つのでしょうか。まず，租税 T は，IS 曲線にのみ入っていますので，租税政策によって影響を受けるのは IS 曲線のみです。特に，政府支出と同様，租税が ΔT だけ減少すると，IS 曲線は水平方向に（Y で測って），$MPC \cdot \Delta T/(1-MPC)$ だけシフトすることになります。これは，図 8-6 における IS 曲線の右上方向へのシフトに相当します。それにより，マクロ経済の均衡点は点 A から点 B へ移動します。

　図から，均衡 GDP は増加し，均衡利子率は上昇することがわかります。

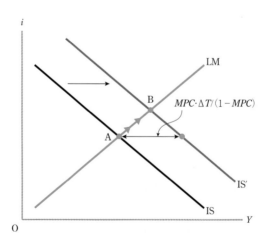

図 8-6　政府支出の増加と IS 曲線のシフト

政府支出の増加と同様，減税政策により利子率が上昇し，民間投資を減退させるクラウディング・アウト効果が生じていることがわかります。そのメカニズムやその大きさの程度も，政府支出の増加と同様になります。

■ Active Learning

問題1：財政政策の効果　以下のようなマクロ経済を考える。

消費関数：$C = 0.6(Y - T) + 80$

投資関数：$I = 200 - 13i$

政府支出：$G = 214$

租税：$T = 0.2Y$

貨幣需要関数：$L = 60 + 0.2Y - 10i$

名目貨幣供給量：$M = 160$

物価水準：$P = 1$

ただし，Cは消費，Yは所得，Iは投資，iは利子率，Gは政府支出，Tは租税，Lは貨幣需要量，Mは名目貨幣供給量，Pは物価水準を表す。

(1)　均衡 GDP と均衡利子率を求めなさい。

(2)　財政政策によって政府支出を 253 に増加した場合の均衡 GDP を求めなさい。

(3)　(2)の財政政策によってクラウディング・アウトされた投資の大きさ（投資の減少分）を求めなさい。

問題2：政府支出と減税政策　以下のようなマクロ経済を考える。

消費関数：$C = 10 + 0.75(Y - T)$

投資関数：$I = 15 - 5i$

政府支出：$G = 16$

租税：$T = 8$

貨幣需要関数：$L = 175 + 0.25Y - 5i$

名目貨幣供給量：$M = 180$

物価水準：$P = 1$

ただし，Cは消費，Yは所得，Iは投資，iは利子率，Gは政府支出，Tは租税，Lは貨幣需要量，Mは名目貨幣供給量，Pは物価水準を表す。

(1)　均衡 GDP と均衡利子率を求めなさい。

(2) 完全雇用 GDP は $Y = 92$ であるとする。政府支出の増加によって完全雇用 GDP を達成する場合には，どれだけの政府支出の増加が必要か。

(3) 減税政策によって(2)の完全雇用 GDP を達成するためには，どれだけの規模の減税が必要か。

● Point Check　ケインズ派マクロ経済モデル

財市場の均衡

$$Y = C + I + G \qquad \text{(K1)}$$

消費関数（消費と所得の関係）

$$C = C(\overset{\oplus}{Y - T}) \qquad \text{(K2)}$$

投資関数（投資と利子率の関係）

$$I = I(\overset{\ominus}{i}) \qquad \text{(K3)}$$

IS 曲線

$$I(\overset{\ominus}{i}) = S(\overset{\oplus}{Y - T}) + (T - G) \qquad \text{(K : IS)}$$

LM 曲線（貨幣市場の均衡）

$$\frac{M}{P} = L(\overset{\oplus}{Y}, \overset{\ominus}{r}) \qquad \text{(K4)}$$

フィッシャー方程式

$$r = i - \pi^e \qquad \text{(K5)}$$

実質賃金

$$w = \frac{\overline{W}}{P} \qquad \text{(K6)}$$

労働量

$$N = N^D(w) \qquad \text{(K7)}$$

生産関数

$$Y = F(\overline{K}, N) \qquad \text{(K8)}$$

この講では，(K : IS) と (K4) について説明しました。

第9講
IS-LM 分析③
：金融政策

■第8講では，IS曲線とLM曲線を用いて，財政政策の効果について学びました。政府支出の増加などの財政政策はIS曲線をシフトさせて，均衡における GDP と利子率に影響を与えます。この講では，財政政策と並ぶ政策手段である金融政策の実施が，前講と同様に，IS曲線とLM曲線の交点によって記述される財市場と貨幣市場の同時均衡にどのような影響を与えるのかについて学びます。

9.1 金融政策と貨幣供給量----------------------

金融政策とは，中央銀行（日本銀行）が貨幣供給量を変化させることによってマクロ経済の状態に影響を与える政策です。このため英語では monetary policy と呼ばれます。特に，中央銀行が貨幣供給量を増加させることを金融緩和（緩和的金融政策），反対に貨幣供給量を減少させることを金融引締め（引締的金融政策）と言います。

　第4講でも学んだように，貨幣供給量の大部分は民間銀行の預金からなっています。このため中央銀行はそれを直接コントロールすることはできません。この場合，中央銀行は，ハイパワード・マネーを通じて，貨幣供給量に影響を与えることを学びました。ハイパワード・マネーと貨幣供給量の関係は，第4講で示した貨幣乗数を表す以下の式で与えられます。

$$M = \frac{\beta + 1}{\beta + \alpha} H \tag{9.1}$$

M は貨幣供給量，β は現金・預金比率，α は準備率，H はハイパワード・マ

ネーを表します。右辺の H の係数である $(\beta+1)/(\beta+\alpha)$ が貨幣乗数を表し，ハイパワード・マネー H と貨幣供給量 M の関係を示しています。中央銀行は，ハイパワード・マネー H をコントロールすることで，貨幣供給量 M を変化させることができます。

金融政策の手段としては，ハイパワード・マネーの供給量を変化させる①債券・手形オペレーション，②日本銀行貸出しに加えて，貨幣乗数自体を変化させる③預金準備率の変更が代表的な手段として挙げられます。

例えば，債券・手形オペレーションによって日本銀行が市中銀行から債券や手形を購入することでハイパワード・マネーは増加し，(9.1) 式を通じて貨幣供給量は増加します。同様に，日本銀行が市中銀行に対する貸出しを増やすことでもハイパワード・マネーが増加し，その結果，貨幣供給量が増加します。また，預金準備率を引き下げると，市中銀行は支払準備を減らして貸出しを増やすため，準備率 α の低下を通して貨幣乗数が大きくなります。その結果，貨幣供給量は増加します。

9.2　金融政策と LM 曲線----------------------

それでは，金融政策によって貨幣供給量 M が変化した場合，IS-LM 曲線によって記述される財市場と貨幣市場の均衡はどのような影響を受けるのでしょうか。

まず，前講と同様に，IS 曲線と LM 曲線は次のように表されたことを思い出してください。

$$I(i) = S(Y-T) + (T-G) \qquad \text{(IS 曲線)}$$

$$\frac{M}{P} = L(Y, i) \qquad \text{(LM 曲線)}$$

ここで，貨幣供給量 M は，LM 曲線にのみ入っていますので，金融政策の実施によって影響を受けるのは LM 曲線のみとなります。

いま，金融政策によって貨幣供給量 M が増加したとします。これは，上

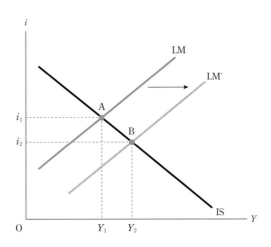

図 9-1　貨幣供給量の増加と LM 曲線のシフト

のLM曲線の式において，左辺で表される実質貨幣供給量が増加すること
を意味します。このとき，貨幣市場の均衡を保つためには，右辺で表される
貨幣需要も増加しなければなりません。貨幣需要は，所得 Y の増加関数，
利子率 i の減少関数であるため，貨幣市場を均衡させるためには，所得 Y が
増加するか，利子率 i が減少する必要があります。すなわち，貨幣供給量の
増加によって，利子率が一定の下で，貨幣市場を均衡させる所得は増加しま
す。あるいは，同様に，所得が一定の下で，貨幣市場を均衡させる利子率は
低下します。したがって，貨幣供給量が増加すると，図 9-1 にあるように，
LM曲線は，右下方向へシフトします。それにより，マクロ経済の均衡点は
点Aから点Bへ移動します。図から，均衡GDPは Y_1 から Y_2 に増加し，均
衡利子率は i_1 から i_2 に下落することがわかります。

　前講では，財政政策（政府支出の増大）は，IS曲線をシフトさせることで，
均衡GDPを増加させました。貨幣供給量を増大させるような金融政策も同
様に，均衡GDPを増加させます。どのようなメカニズムで貨幣供給量の増
加は均衡GDPを増加させるのでしょうか。

　図 9-2 を用いて考えましょう。まず，貨幣供給量 M が増加すると，貨幣

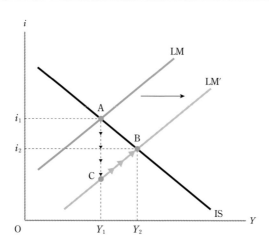

図 9-2　**貨幣供給量の増加と新たな均衡への調整過程**

市場において超過供給が発生します。当初の均衡点 A における Y と i の組み合わせは，新たな LM 曲線の左上方に位置することから，貨幣市場は超過供給の状態にあることに注意してください。ワルラス法則により，貨幣の超過供給は，債券の超過需要を意味します。このような債券市場における超過需要により，債券価格が上昇します。債券価格の上昇は，利子率の低下をもたらします。その結果，貨幣需要が増加し，貨幣市場における超過供給が解消され，貨幣市場は均衡します。

　この様子は，点 A から点 C への変化によって表されます。利子率は当初の i_1 から大きく低下することがわかります。貨幣市場における利子率の低下は，財市場において超過需要を発生させます。点 C における Y と i の組合せは，IS 曲線の左下方に位置することから，財市場は超過需要の状態にあります。利子率の低下により，総需要（投資）が刺激され，GDP が Y_1 から Y_2 へ増加します。その過程では，貨幣市場を均衡させるように，利子率は上昇し，結果的に，点 B において，両市場が均衡することになります。

前講では，財政政策の効果の大きさについて，貨幣需要の利子弾力性と投資の利子弾力性という2つの視点から考えました。これら2つの要因は，金融政策の効果の大きさにはどのような影響を及ぼすのでしょうか。2つの要因は，それぞれ LM 曲線の傾きと IS 曲線の傾きに影響しますので，金融政策の効果の大きさにも影響すると考えられます。以下では，(1)貨幣需要の利子弾力性が小さければ小さいほど，(2)投資の利子弾力性が大きければ大きいほど，金融政策の効果が大きくなることを説明します。

■ 貨幣需要の利子弾力性

(1)の貨幣需要の利子弾力性が小さければ小さいほど，金融政策の効果が大きくなる理由から考えましょう。**第6講**で学んだように，貨幣需要の利子弾力性は，貨幣需要 L が利子率 i の変化に対してどれほど敏感に反応するかを表す指標です。貨幣需要の利子弾力性が大きいときには，利子率のわずかな下落に対して貨幣需要が大きく増加します。すなわち，この場合，貨幣需要の大きな増加を引き起こすために必要な利子率の低下の程度はわずかでよいと言えます。逆に，貨幣需要の利子弾力性が小さい場合には，貨幣需要の大きな増加をもたらすためには，利子率が大きく下落する必要があります（図6-7参照）。

金融政策に伴う貨幣供給量の増加によって，貨幣市場では超過供給が発生します。この超過供給を解消するためには貨幣需要が増加しなければなりません。貨幣需要の利子弾力性が大きい場合には，超過供給を解消させるための利子率の低下の程度はわずかになります。利子率がわずかにしか低下しないとき，投資はそれほど増加しません。結果的に，金融政策がもたらす GDP の増加の大きさもそれほど大きくはありません。

反対に，貨幣需要の利子弾力性が小さい場合には，貨幣の超過供給を解消するために，利子率は大きく低下します。利子率が大きく低下するとき，投資は大きく増加し，その結果，GDP は大きく増加することになります。つ

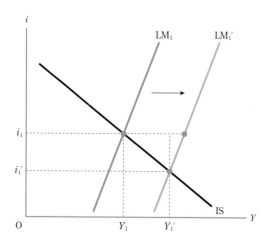

図 9-3　貨幣需要の利子弾力性が小さい場合の金融政策の効果

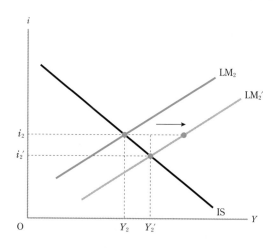

図 9-4　貨幣需要の利子弾力性が大きい場合の金融政策の効果

まり，この場合，金融政策の効果は大きくなると言えます。

　貨幣需要の利子弾力性が小さい場合，LM 曲線の傾きは急になったことを思い出してください。図で確認しましょう。図 9-3 の LM_1 は，貨幣需要の利子弾力性が小さく，LM 曲線の傾きが急なケースを表しています。また，

図9-4のLM₂は，貨幣需要の利子弾力性が大きく，LM 曲線の傾きが緩やかなケースを示しています。貨幣供給量の増加によって，LM 曲線がそれぞれ LM_1 から LM_1'，LM_2 から LM_2' へと右下方向にシフトするとき，均衡 GDP の変化のそれぞれの大きさ $Y_1' - Y_1$ と $Y_2' - Y_2$ を比較すると，前者の変化の方が大きくなることがわかります。すなわち，金融政策の効果が大きくなることがわかります。

■ 投資の利子弾力性

次に(2)の投資の利子弾力性が大きければ大きいほど，金融政策の効果が大きくなる理由を考えましょう。**第3講**で学んだように投資の利子弾力性は，投資 I が利子率 i の変化に対してどれほど敏感に反応するかを表す指標でした。投資の利子弾力性が大きい場合には，利子率のわずかな低下に対して投資が大きく増加します。この場合，貨幣供給量の増加によって，利子率が下落するとき，投資は大きく増加し，その結果，GDP は大きく増加します。すなわち，金融政策の効果が大きくなると言えます。逆に，投資の利子弾力性が小さい場合には，金融政策の効果は小さくなります。

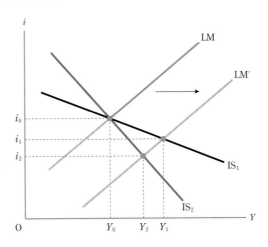

図 9-5　投資の利子弾力性と金融政策の効果

投資の利子弾力性が大きい場合，IS曲線の傾きは緩やかになりました。図9-5のIS$_1$は，投資の利子弾力性が大きく，IS曲線の傾きが緩やかなケースを表しています。また，IS$_2$は，投資の利子弾力性が小さく，IS曲線の傾きが急なケースを示しています。貨幣供給量の増加によって，LM曲線がLMからLM′へ右下方向にシフトするとき，IS曲線がIS$_1$で与えられているときの均衡GDPの変化の大きさY_1-Y_0と，IS曲線がIS$_2$で与えられているときの均衡GDPの変化の大きさY_2-Y_0を比較すると，前者の変化の方が大きくなることがわかります。すなわち，金融政策の効果が大きくなることがわかります。

9.4　金融政策と流動性の罠----------------------

　図9-4において，貨幣需要の利子弾力性が大きい場合，LM曲線の傾きが緩やかになり，金融政策の効果が小さくなることを確認しました。貨幣需要の利子弾力性が大きい場合，貨幣供給量の増加によって生じる貨幣市場にお

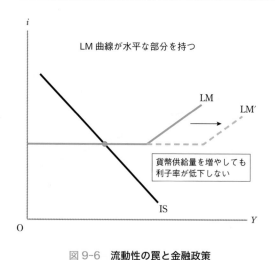

図9-6　流動性の罠と金融政策

ける超過供給を解消するために必要な利子率の低下の程度は小さくなります。利子率の低下の程度がわずかな場合には，それによる投資の増加も見込めないため，金融政策による GDP の増加の程度もわずかになりました。

　特に，貨幣需要の利子弾力性が非常に大きく，LM 曲線が水平な部分を持ってしまうケースを「流動性の罠」と呼ぶことは，前講でも説明しました。このようなケースでは，貨幣供給量の増加により LM 曲線をシフトさせても，利子率が低下することはありません（図9-6）。利子率が低下しなければ，投資が刺激されないため，GDP も変化しません。すなわち，この場合，金融政策は GDP に対して何の影響も及ぼさないことになります。

■ Active Learning

問題1：貨幣乗数　マクロ経済における預金準備率と現金・預金比率がそれぞれ 10%（0.1）と 20%（0.2）であったとする。
(1)　この経済における貨幣乗数を求めなさい。
(2)　ハイパワード・マネーが 12 だけ増加すると貨幣供給量はどれだけ増加するか。
(3)　現金・預金比率は 20%の下で，ハイパワード・マネーを 12 だけ増加させたとき貨幣供給量を 60 増加させるには，預金準備率をどの水準に設定すればよいか。

問題2：金融政策の有効性　以下のようなマクロ経済を考える。
$$消費関数：C = 0.7(Y-T) + 30$$
$$投資関数：I = 50 - 8i$$
$$政府支出：G = 20$$
$$租税：T = 0$$
$$貨幣需要関数：L = 0.4Y - li + 160$$
$$名目貨幣供給量：M = 200$$
$$物価水準：P = 1$$

　ただし，C は消費，Y は所得，I は投資，i は利子率，G は政府支出，T は租税，L は貨幣需要量，M は名目貨幣供給量，P は物価水準を表す。

(1) $l = 8$ であるとする。このときの均衡 GDP と均衡利子率を求めなさい。

(2) (1)と同様に $l = 8$ あるとする。金融政策によって名目貨幣供給が 200 から 256 へ増加した場合の均衡 GDP を求めなさい。

(3) l が 8 から 36 へ上昇したとする。このときの均衡 GDP と均衡利子率を求めなさい。

(4) (3)と同様に $l = 36$ であるとする。この場合，名目貨幣供給の 200 から 256 への増加はどれだけの GDP の増大をもたらすか。l の上昇は，金融政策の効果にどのような影響を及ぼすだろうか。

● Point Check　ケインズ派マクロ経済モデル

財市場の均衡

$$Y = C + I + G \qquad \text{(K1)}$$

消費関数（消費と所得の関係）

$$C = C(\overset{\oplus}{Y - T}) \qquad \text{(K2)}$$

投資関数（投資と利子率の関係）

$$I = I(\overset{\ominus}{i}) \qquad \text{(K3)}$$

IS 曲線

$$I(\overset{\ominus}{i}) = S(\overset{\oplus}{Y - T}) + (T - G) \qquad \text{(K : IS)}$$

LM 曲線（貨幣市場の均衡）

$$\frac{M}{P} = L(\overset{\oplus}{Y}, \overset{\ominus}{r}) \qquad \text{(K4)}$$

フィッシャー方程式

$$r = i - \pi^e \qquad \text{(K5)}$$

実質賃金

$$w = \frac{\overline{W}}{P} \qquad \text{(K6)}$$

労働量

$$N = N^D(w) \qquad \text{(K7)}$$

生産関数

$$Y = F(\overline{K}, N) \qquad \text{(K8)}$$

　この講では，（K : IS）と（K4）について説明しました。

第10講
労働市場

■第 9 講までの講では，財市場と資産市場について詳しく学んできました。本講では，マクロ経済学において考察するもう一つの市場である労働市場について学びます。財市場において取引される財・サービスは，資本や労働などの生産要素を用いて生産されます。労働市場は，そのような生産要素としての労働が取引される市場です。他の財・サービスの市場と同様に，労働市場では，労働に対する需要と供給が重要な役割を果たします。労働の供給は家計によってなされ，労働の需要は企業によってなされます。

10.1 労働市場

　経済学における「労働」は，日常的な意味において働くことを意味します。人々の生産活動における肉体的・精神的努力を労働と呼びます。労働市場における市場メカニズムの作用を考えるため，労働に対する需要を表す「労働需要」と労働に対する供給を表す「労働供給」を考えます。労働需要と労働供給は，労働の価格を表す「賃金」によって影響を受けます。

　労働市場は，労働需要と労働供給が賃金を介して相互に作用することで労働の量を表す「労働量」が決定される市場です。労働量は，通常，1 人の労働者の 1 時間あたりの労働を基準にして測られます。すなわち，1 人の労働者が提供する 1 時間の労働を 1 単位と考えます。10 人の労働者がそれぞれ 8 時間の労働をした場合，80 単位の労働量になります。1 単位あたりの労働に対する報酬を賃金と呼びます。1 時間あたりの労働の賃金は時給と呼ばれますが，この時給を賃金と考えます。労働 1 単位（1 時間あたりの時給）に対

する賃金であることを明確にするために賃金率とも呼ばれます。

10.2 労働供給----------------------------------

　労働市場における供給側は家計です。すなわち，労働は家計によって供給されます。家計による労働の供給量は，賃金に応じて決まります。みなさんの多くは学生かもしれませんが，アルバイトとして賃金を得る活動をすれば労働を供給していることになります。通常の財の市場における供給側は企業ですが，労働市場におけるそれは家計となることに注意してください。

　家計は，財・サービスを消費するために，所得を得ようとします。家計が所得を得る方法は，保有する労働を企業に対して提供（供給）し，その対価として労働所得（賃金）を得る方法と，同じく保有する資本を企業に対して提供して（例えば，保有する資産を運用するなどして），その対価としての資本所得（資本レンタル料と呼ばれます。資産運用の場合には資産所得（利子）に該当します）を得る方法に分けられます。労働の供給は，家計にとって所得を得

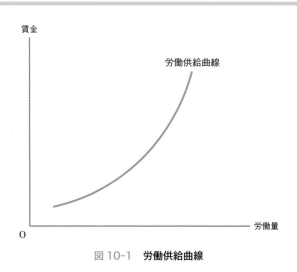

図10-1　労働供給曲線

るための一つの方法です。

　家計にとっての労働の供給は，様々な要因に依存しますが，ここでは労働の価格である賃金にのみ影響を受けるものと仮定します。家計にとっての労働の供給量と賃金の関係を労働供給関数，それを縦軸に賃金，横軸に労働供給量をとった平面に図示したものを労働供給曲線と呼びます（図10-1）。労働供給曲線は，通常の財の供給曲線と同様に，右上がりの傾きを有するものと考えられます。すなわち，賃金が上昇すれば，人々はより多くの労働量を供給することになります。

　このような右上がりの労働供給曲線を導き出すには，いくつかの仮定が必要です。詳しい内容は，ミクロ経済学の教科書の生産要素の項目や中級レベルのマクロ経済学の教科書で扱われます。

10.3　労働需要 -----------------------------------

　労働市場における需要側は企業です。すなわち，労働は企業によって需要されます。企業による労働の需要量も，賃金に応じて決まります。労働供給と同様，通常の財の市場における需要側は家計ですが，労働市場におけるそれは企業となることに注意してください。

　企業は，財・サービスを生産するために，生産要素を調達します。企業が生産要素を調達する方法は，家計に対して賃金を支払って，労働を供給してもらう方法と，資本の所有者に対して資本レンタル料を支払って，資本を提供してもらう方法があります。労働の需要は，企業にとって生産要素を獲得するための一つの方法です。

　企業がどれだけの労働を需要するかは，企業の目的に依存します。通常，企業の目的は利潤の最大化であると考えられ，労働者に対して支払う賃金に応じて労働の需要を決めていると考えられます。企業にとって賃金は費用となるため，それが高ければ多くの労働を需要しません。一方，賃金が低くなれば，より多くの労働を需要しようとします。企業にとっての労働の需要量と賃金の関係を労働需要関数，それを縦軸に賃金，横軸に労働需要量をとっ

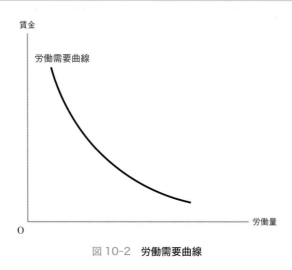

図 10-2 労働需要曲線

た平面に図示したものを労働需要曲線と呼びます（図 10-2）。労働需要曲線は，通常の財の需要曲線と同様に，右下がりの傾きを有するものと考えられます。

10.4 名目賃金と実質賃金

上の説明では，労働市場における価格を単に「賃金」としてきましたが，賃金にも，GDP など他のマクロ経済変数と同様に，名目と実質があります。名目賃金は，わたしたちが日常生活において目にする時給など貨幣単位で表記された賃金です。名目の意味は，貨幣単位で表示されているという意味であることに注意してください。一方，実質賃金はその賃金で購入できる財・サービスの単位で表記された賃金です。実質賃金は，名目賃金 W を物価水準 P で割った値，すなわち

$$\frac{W}{P}$$

として表されます。「実質」の意味は，財・サービス単位で測った量であるという意味であることは，これまで学んだ他の実質変数と同様です。

　家計は，財・サービスを消費するための所得（賃金）を得るために労働を供給します。そのため最終的にはその賃金で購入できる財・サービスの量が重要となります。また，財・サービスを生産する企業にとって，労働を雇用することは，それによって得られる生産物を増加させることを意味します。したがって，企業にとってどれだけの労働を需要するかは，労働者に対して支払う賃金水準だけでなく，それによってどれだけの財・サービスの量を獲得することができるかが（すなわち，実質賃金が）重要となります。したがって，家計と企業がそれぞれ労働に対する供給と需要を決定する際には，名目賃金ではなく，実質賃金の水準が重要な要因となります。すなわち，労働市場における価格は実質賃金であることがわかります。

10.5　「名目賃金の硬直性」と非自発的失業---

　上で学んだ通り，労働市場は，実質賃金を価格として，労働需要と労働供給が相互に作用する市場です。通常の財・サービスの市場では，市場における需要と供給の作用によって，需要曲線と供給曲線が交差する点が市場均衡となり，その点で価格と取引量が決定されます。しかしながら，ケインズ派マクロ経済モデルにおける労働市場では，様々な要因によって，労働需要と労働供給は均衡しないことがあります。それを考えるために，「名目賃金の硬直性」という概念を導入します。

　ここでは，名目賃金 W（Wage）は変動しないか，非常にゆっくりと変動すると仮定します。理解しやすくするために完全に変動しないものと仮定しましょう。この名目賃金が変動しないことを，名目賃金の硬直性と呼びます。したがって，物価水準 P が一定であれば，実質賃金 W/P も変化することはありません。図 10-3 は，縦軸に実質賃金 W/P，横軸に労働量 N（Number of workers employed）をとった平面に労働の需要曲線 N^D と供給曲線 N^S を描いたものです。名目賃金の硬直性のため，実質賃金 $(W/P)_0$ は，N^D と N^S が

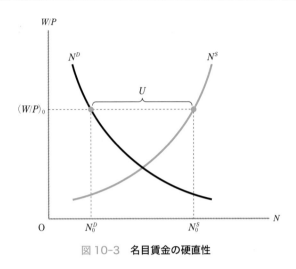

図 10-3　名目賃金の硬直性

交わる均衡点よりも高い水準にとどまっていると考えます。このとき，労働市場では，超過供給が発生することになります。

　労働市場における超過供給とは，すなわち，失業を意味します。失業が発生しているということは，図 10-3 において，その賃金で働きたい（労働を供給したい）と考える労働量が N_0^S あるのに対して，雇用したい（労働を需要したい）と考える労働量は N_0^D のみであることを意味します。実際には，企業は N_0^D までしか雇用しないため，その結果，$U=N_0^D-N_0^S$ だけの労働者は雇用されないことになります。U（Unemployment）の量に該当する労働者は，市場における実質賃金を受け入れて働く意思があるにもかかわらず，働くことができないという意味で，「非自発的失業者」と呼ばれます。これは転職などのために自分の意志で仕事をやめた人などを意味する「自発的失業者」とは区別されます。

　通常の財・サービスの市場であれば，超過供給が発生していれば，価格が低下するという市場の調整メカニズムを通じて，超過供給は解消されます。しかしながら，ここで考えるマクロ経済モデルにおける労働市場では，名目賃金の硬直性を想定するため，価格による市場の調整メカニズムが働きませ

ん。このため，労働市場では超過供給，すなわち，非自発的失業が発生し，実際に雇用され，生産活動に投入される労働量は N_0^D となります。

10.6 「名目賃金の硬直性」の理由-------------

　上でみた「名目賃金の硬直性」はどのような理由で発生するのでしょうか。名目賃金が変化しないと想定することは，ミクロ経済学を学んだみなさんには少し奇妙なものに思えるかもしれません。通常，ミクロ経済学では，価格が変化することで，市場が均衡に到達するという説明がなされます。他方で，マクロ経済モデルでは，財市場と資産市場では価格が変化して均衡に至るという市場のメカニズムを採用しますが，ここで考えている労働市場では，そのようなメカニズムが働かないと仮定します。そのような仮定を置く正当性はどこにあると考えられるのでしょうか。

　それに関しては，多くの理由が考えられますが，本書では，「労働契約は長期的な契約であることが多い」という点を挙げます。労働契約には，学生にとってのアルバイトの契約から，終身雇用制度のような長期契約まで，さまざまなものがあります。その中でも，企業で働く給与所得者の多くは，長期契約を結んだ雇用者です。それらの契約では，日々賃金が変動するということはありません。多くの場合は1年毎に賃金が上がっていく形態をとっていると考えられますが，今年，来年，再来年とどのように賃金が上がっていくかについて，ある程度の暗黙の了解があることが多いと考えられます。企業の業績が非常に悪い状況になると，予定された賃金の上昇がない，あるいは最悪の場合には解雇される可能性もないとは言えませんが，多くの場合は数年から10年以上に渡って支払われる給料が，ある程度は，事前に決まっていることが多いと考えられます。

　このような契約は，賃金が労働市場における価格であることを考えると，奇妙に思えるかもしれません。市場の需要と供給によって労働市場の価格である賃金が決定されるのではなく，長期に渡って賃金があらかじめ決まっていると考えるからです。いずれにせよ，このような現実の労働市場における

契約が長期的なものであるという性質から，「名目賃金の硬直性」を仮定することは一定の正当性があるものと考えられます。

　他方で，長期的な契約であるという性質のみで「名目賃金の硬直性」の理由になるのかという点は注意して考えなければなりません。なぜならば，労働市場には，長期契約を結ぶ企業の給与所得者だけではなく，先に述べたようなより価格（賃金）が変動しやすい契約形態であるアルバイトなども含まれるからです。また，給与所得者であっても，毎年の労使交渉で賃金が決まるようなケースもあり，逆に，労働組合のような組織によって安易に賃金を引き下げることが難しいといった硬直性を維持するような制度の影響もあります。したがって，厳密には，それらの要因すべてを考慮しながら「名目賃金の硬直性」の正当性を議論する必要がありますが，それは入門的なマクロ経済学の教科書の範囲を超えているため，ここではそれらの要因を指摘するにとどめます。

10.7　生産関数 -----------------------------------

　労働市場は生産要素市場の一つです。労働市場で決定される労働量は企業の生産活動に投入されます。生産活動に投入される生産要素の量と産出される財・サービスの量の関係は，生産関数によって記述されます。

　ここで企業の生産活動について整理しておきます。企業は，財・サービスを生産するために，生産要素市場において生産要素を需要します。企業が需要する生産要素には，本講で扱う労働に加えて，資本があります[1]。したがって，産出量を Y，労働の投入量を N，資本の投入量を K（Kapital，ドイツ語で資本を意味します）とすると，生産関数は以下のように定式化することができます。

1　労働や資本以外にも，天然資源なども生産活動における生産要素として考えられます。また，本書で扱う資本は，設備や建造物などのいわゆる「物的資本」を想定していますが，資本には，教育や経験などを通じて労働者が獲得する知識を表す「人的資本」も存在します。本書では，説明を簡単化するために，労働と資本の2つの生産要素のみを考えます。

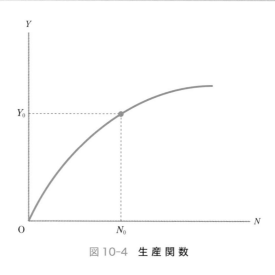

図10-4　生産関数

$$Y = F(K, N)$$

　上の生産関数の中の K は生産活動で投入される資本の量を表しますが，K も，労働市場と同様，資本市場において決まる変数です。しかしながら，通常，工場設備など生産に必要な財である資本の量は，過去に行われた投資によって決まっています。このため，それを現在時点で変更することはできません。また，現在時点での投資は，将来の生産活動に用いられる資本となるものであり，現在時点の生産活動に用いることはできません。このような理由から，資本量 K は変動させることができない一定の変数であると考え，$\overline{K}$ と表記します（ケイバーと読みます）。これを考慮すると，生産関数 F は以下のように書くことができます。

$$Y = F(\overline{K}, N)$$

　以上から，ここで考える生産関数 F は，一定の資本量 $\overline{K}$ の下での労働の投入量 N と財・サービスの生産量 Y の関係と考えることができます。図10-4 は，労働の投入量 N を横軸に，産出される財・サービスの量 Y を縦軸

にとった平面に生産関数を図示したものです。生産関数の傾きは，限界生産性（すなわち，生産要素である労働の投入量を限界的に1単位増加させたときの産出量の増加分）を表しますが，ここでは，それが労働の投入量の増加につれて低下する（「逓減」すると言います）ように描かれています。図から明らかなように，労働市場で決定された労働量 N_0 に対応して，生産量 Y_0 が決定されることがわかります。

　生産関数から決定される Y が，前講までの財市場と資産市場において決定される Y と一致するように決まることで，マクロ経済全体の均衡が成立します。このことは次講で詳しく学びます。労働市場で決定された労働量 N によって，生産関数を通じて生産量 Y が決定されることを供給側（サプライ・サイド）と呼びます。これに対して，生産量 Y が，財市場と資産市場の均衡によって決定されること，すなわち，IS-LM の関係によって決定されることを需要側（ディマンド・サイド）と呼びます。

10.8　労働需要関数と生産関数の関係----------

　最後に，労働需要関数 N^D と生産関数の関係について説明します。ここでのマクロ経済モデルは，一国の経済を想定していますが，その経済には，ただ1つの企業（代表的企業）が存在するものと考えます。あるいは，経済に存在する無数の企業を統合したような仮想的な企業であると捉えても構いません。この企業は，自らの利潤 Π（パイ）の最大化を目的とすると考えます。利潤 Π は，以下のように表されます。

$$\Pi = PY - WN - i\overline{K}$$

ただし，P は物価水準，Y は（実質）産出量，W は名目賃金，N は労働投入量，i は名目利子率（資本レンタル率とも呼ばれます），$\overline{K}$ は資本投入量（一定）を表します。

　企業によって生産された Y は一国全体の最終財の産出水準であり，それに物価水準 P をかけたものがこの企業にとっての収入となります。言い換

えると，Y は生産物の数量，P は価格として捉えることができるため，Y だけの量の生産物を P 円で販売したため，PY 円がこの企業の収入になったと考えることができます。

　企業は，生産した財・サービスを販売することで得られた収入から，労働の保有者（労働者）と資本の保有者に対して報酬を支払います。労働に対する報酬は，名目賃金 W に労働投入量 N をかけた WN，資本に対する報酬は，利子率 i に資本投入量 $\overline{K}$ をかけた $i\overline{K}$ となります。収入 PY からそれらを差し引いたものが企業にとっての利潤 Π となります。

　ここで，上で定義した生産関数を用いると，利潤 Π は，以下のように書き換えることができます。

$$\Pi = P \cdot F(\overline{K}, N) - WN - i\overline{K} \tag{10.1}$$

　いま，市場は競争的であると仮定し，この経済において価格を表す P, W, i は所与であるとします。P, W, i が所与ならば，企業の利潤 Π は，N のみに依存することになります。このような場合，企業が，労働の投入量 N をわずかに変化させたとき，利潤 Π はどれだけ変化するでしょうか。労働の投入量が N から $N + \Delta N$ に増加したときの，Π の変化分を $\Delta\Pi$ とすると，このような状況は，

$$\Pi + \Delta\Pi = P \cdot F(\overline{K}, N + \Delta N) - W(N + \Delta N) - i\overline{K} \tag{10.2}$$

と書くことができます。（10.2）式の両辺から（10.1）式の両辺を引くことによって以下の式が得られます。

$$\Delta\Pi = P \left\{ F(\overline{K}, N + \Delta N) - F(\overline{K}, N) \right\} - W \cdot \Delta N$$

ここで右辺の大括弧 $\{\ \}$ 内の項 $F(\overline{K}, N + \Delta N) - F(\overline{K}, N)$ は，産出量の変化を表すため，ΔF と表記します。その上で，式の両辺を ΔN で割ると，上の式は以下のように書き換えることができます。

$$\frac{\Delta\Pi}{\Delta N} = P \frac{\Delta F}{\Delta N} - W \tag{10.3}$$

ここで，左辺の $\frac{\Delta\Pi}{\Delta N}$ は，労働 N を 1 単位増加させたときの利潤 Π の変化分を

表します。右辺の $\frac{\Delta F}{\Delta N}$ は，労働 N を 1 単位増加させたときの産出量 F（$=Y$）の増加分，それに P をかけたものが収入の増加分を表します。したがって，(10.3) 式は，労働の投入量を 1 単位増加させたときの利潤の変化分（左辺）は，それによる収入の増加分から賃金（これは労働を 1 単位増加させたときの企業にとっての費用の増加分を表します）を差し引いたものに等しくなっていることを意味します。

　いま，ΔN を非常に小さな変化であると考えると，企業が利潤を最大化しているとき，N のわずかな変化に対する利潤Πの変化分はゼロになっています[2]。このとき，

$$\frac{W}{P} = \frac{\Delta F}{\Delta N}$$

のような関係が得られます[3]。ΔN が微小な変化であるとき，$\Delta F/\Delta N$ は，労働の限界生産性を表します。すなわち，企業にとっての労働に対する需要は，労働の限界生産性$\Delta F/\Delta N$と実質賃金W/Pが等しくなるような水準に決まることがわかります。このような関係は，$w = W/P$ を用いると

$$N = N^D(w)$$

と表されます。

　図 10-4 のような労働の限界生産性が逓減するような生産関数を仮定すると，N の増加に伴って労働の限界生産性が低下するため，N^D は $w = W/P$ の減少関数となります。労働需要関数は，限界生産性を通じて生産関数と関連していることがわかります。

2　$\Delta\Pi$が正（すなわち，$\Delta\Pi/\Delta N > 0$）ならば，Nを増やすことで利潤を増加させることができます。逆に，$\Delta\Pi$が負（すなわち，$\Delta\Pi/\Delta N < 0$）ならば，Nを減らすことで利潤を増加させることができます。いずれにせよ，そのような場合には，企業の利潤は最大とはなっていません。

3　ΔNが微小変化であるため，数学的には，以下のように表すことができます。

$$\frac{W}{P} = \frac{dF(\overline{K}, N)}{dN}$$

すなわち，実質賃金W/Pは生産関数Fを労働量Nで微分したものに等しくなります。

問題１：労働需要と労働供給　ある経済における労働の需要関数と供給関数が以下のように与えられるとする。

$$労働需要関数：N^D = 36/(W/P)$$
$$労働供給関数：N^S = W/P$$

ただし，Wは名目賃金，Pは物価，N^Dは労働需要量，N^Sは労働供給量を表す。

(1) 労働の需要曲線と供給曲線を図示しなさい。

(2) 実質賃金が18の水準で硬直的であるとき，非自発的失業者の数を求め，それを図に示しなさい。

(3) いま，実質賃金が9へ下落し，その水準で硬直的であったとする。このとき雇用量（労働投入量）はどのように変化するか。

問題２：労働市場と産出量　ある経済における生産関数が$Y = \sqrt{N}$で，労働の限界価値生産物が$1/(2\sqrt{N})$で表されるとする。ただし，Yは産出量，Nは労働量を表す。

(1) 生産関数を図示しなさい。

(2) 実質賃金が1/2の水準で硬直的であったとする。この場合の産出量を求め，それを(1)の図中に書き入れなさい。ただし，実質賃金が1/2の下での労働供給量は需要量に比べて十分に大きいものとする。

(3) いま，実質賃金が1/6へ下落し，その水準で硬直的であったとする。このとき産出量はどのように変化するか。(2)の図中に書き入れなさい。ただし，実質賃金が1/6の下での労働供給量は需要量に比べて十分に大きいものとする。

● **Point Check**　ケインズ派マクロ経済モデル

財市場の均衡

$Y = C + I + G$　　　　　　(K1)

消費関数（消費と所得の関係）

$C = C\overset{\oplus}{(Y-T)}$　　　　　(K2)

投資関数（投資と利子率の関係）

$I = I\overset{\ominus}{(i)}$　　　　　　(K3)

IS 曲線

$I\overset{\ominus}{(i)} = S\overset{\oplus}{(Y-T)} + (T-G)$　　(K：IS)

LM 曲線（貨幣市場の均衡）

$\dfrac{M}{P} = L\overset{\oplus\ \ominus}{(Y, r)}$　　　　　　(K4)

フィッシャー方程式

$r = i - \pi^e$　　　　　　(K5)

実質賃金

$w = \dfrac{\overline{W}}{P}$　　　　　　(K6)

労働量

$N = N^D(w)$　　　　　(K7)

生産関数

$Y = F(\overline{K}, N)$　　　　　(K8)

この講では，(K6)，(K7) と (K8) について説明しました。

第11講
AD–AS モデル①
：AD 曲線と AS 曲線の導出

■第 2 講から第 9 講までの財市場と資産市場の分析，さらには，前講の労働
市場の分析によって，マクロ経済学において登場するすべての市場の描写は
終わりました。ところで，財市場と資産市場を統合した IS–LM 分析におい
て決定される産出量（ディマンド・サイドで決定される GDP を表します）
と，労働市場において決定される産出量（サプライ・サイドで決まる GDP
を表します）は，どのような関係にあるのでしょうか。本講と続く第 12 講
では，GDP が最終的にどのような水準に決まるのかについて学びます。

11.1　A D 曲 線 --------------------------------

■ AD 曲線とは

第 7 講の IS–LM 分析で学んだ IS 曲線と LM 曲線を思い出してください。
それらは数式で以下のように表されました。

$$I(i) = S(Y-T) + (T-G) \qquad \text{（IS 曲線）}$$

$$\frac{M}{P} = L(Y, i) \qquad \text{（LM 曲線）}$$

IS–LM 分析を行う際には，物価水準 P は一定であると仮定しました。い
ま，この仮定を取り払って，物価水準 P が変化するものとします。その際，
P 以外の外生変数である政府支出 G や租税 T，名目貨幣量 M は変化しない
ものとします。このとき，上の IS 曲線および LM 曲線から明らかなように，
P の変化は LM 曲線のみに影響を与えます。すなわち，P の下落は，LM 曲

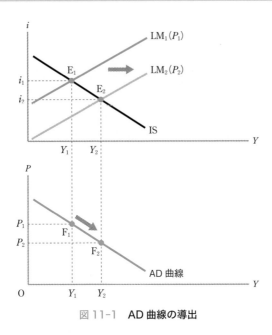

図11-1　**AD 曲線の導出**

線の左辺における実質貨幣供給量$\frac{M}{P}$を上昇させることになります。

　これを図で確認してみましょう。図 11-1 を見てください。当初，物価水準は P_1，実質貨幣供給量は M/P_1 であり，均衡 GDP は Y_1，均衡点は E_1 であったとします。物価水準が P_1 から P_2 に下落すると，実質貨幣供給量は，M/P_1 から M/P_2 に上昇します。これにより，LM 曲線は，LM_1 から LM_2 に右下方へシフトします。このとき，新たな均衡点である E_2 に対応する産出量 Y_2 は Y_1 に比べて増加します。すなわち，物価水準 P の低下は，IS 曲線と LM 曲線の交点で決定される産出量を増加させることがわかります。反対に，P の上昇は LM 曲線を左上方へシフトさせることで，Y を減少させます。このような物価水準 P と産出量 Y の関係を，縦軸に P，横軸に Y をとった平面に描くと，図 11-1 の下の図のような右下がりの曲線となります。このような IS 曲線と LM 曲線の交点で決まる（すなわち，財市場と資産市場を均衡させるような）産出量と物価水準の関係を総需要（Aggregate Demand）

曲線と呼び，省略して AD 曲線と呼びます。

■ AD 曲線が右下がりになる理由

　上でも述べたように，AD 曲線は，物価水準 P が下落すると個々の財・サービスの生産量を集計したものである GDP が増大し，逆に，物価水準 P が上昇すると GDP が減少する関係を表します。このような物価と生産量の右下がりの関係は，個々の財・サービスの市場における価格と需要量の右下がりの関係である需要曲線と同じものであるように思われるかもしれません。しかしながら，総需要曲線と個々の財・サービスの市場における需要曲線は以下の点において相違があることに注意してください。

　まず，ミクロ経済学では，個々の財・サービスに対する需要曲線は右下がりになることを学んだと思います。これはなぜでしょうか。例として，コーヒーに対する需要曲線を考えましょう。コーヒーの需要曲線が右下がりであるとは，コーヒーの価格が上昇すればコーヒーの需要は減少し，逆に，コーヒーの価格が下落すればコーヒーの需要は増加することを意味します。その理由は，コーヒーの価格が下落するとき，他の財，すなわち，紅茶や緑茶など他の飲料の価格が変わらなければ，他の財に比べて割安になったコーヒーの消費を増やして，逆に割高になった紅茶や緑茶の消費を減らす「代替効果」が働いているからです。

　価格変化が引き起こすもう一つの効果として，「所得効果」があります。所得効果とは，例えば，コーヒーの価格上昇は，消費者にとっては，実質的な所得の低下を意味しており，この所得の低下がコーヒーの需要に及ぼす効果を意味します。この場合，コーヒーという財の性質に応じて，その需要を減少させることも，増加させることもあります。いずれにせよ，この所得効果が上の代替効果に比べて小さいものであれば，コーヒーに対する需要曲線は右下がりとなります。

　以上をまとめると，個別の財・サービスに対する需要曲線が右下がりになるのは，コーヒーの価格が変化する際，紅茶や緑茶など他の財・サービスの価格は変化しないことで，コーヒーの需要量が変化する代替効果が働いているからであると考えられます（図 11-2）。

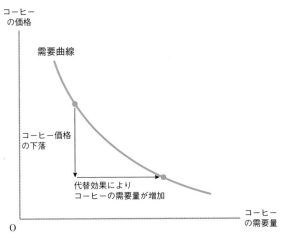

コーヒー
の価格

需要曲線

コーヒー価格
の下落

代替効果により
コーヒーの需要量が増加

コーヒー
の需要量

O

図 11-2　個々の財・サービスに対する需要曲線

　それでは，AD 曲線が，個々の財・サービスの需要曲線と同様に，右下が
りとなるのは，この代替効果が働いているからであると考えてよいのでしょ
うか。上でも述べた通り，AD 曲線は，物価水準 P と需要側で決まる GDP
（Y）の右下がりの関係です。物価水準 P は，コーヒーや紅茶などすべての
財・サービスの価格を含んだものです。同様に，Y は，やはり，コーヒーや
紅茶などすべての財・サービスの消費量（＝生産量）を含んだものです。し
たがって，全体的な物価水準 P が下落することで，紅茶の消費を減らして
コーヒーの消費を増やしたような消費の代替を行うことはできません。すな
わち，物価水準 P が下落することで，需要側から決定される GDP が増加す
るのは，消費における代替効果が働くからではないことがわかります。した
がって，AD 曲線が右下がりになるのは，個々の財・サービスに対する需要
曲線が右下がりになる理由と同じではないと言えます。
　それでは AD 曲線が右下がりになるのはどのような理由からでしょうか。
まず，外国との貿易がない閉鎖経済における一国全体の財・サービスに対す
る総需要（すなわち，支出面から見た GDP）は，次の式で表されました。

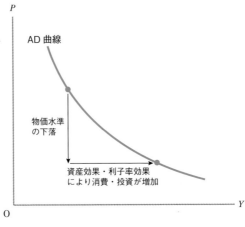

図11-3　右下がりの AD 曲線

$$Y = C + I + G$$

マクロ経済学では，総需要曲線が右下がりになる理由として，①資産効果，②利子率効果の2つを考えます。以下順を追って説明します[1]（図11-3）。

1点目の効果である資産効果は，上の式の右辺の消費 C に関係する効果です。物価水準 P の下落は，貨幣価値の上昇を意味します。貨幣価値の上昇は，実質的な資産の増加を意味します。これにより消費 C が増加し，結果として，総需要量 Y が増加します。すなわち，物価水準 P の下落は，総需要量 Y の増加をもたらすという右下がりの関係が得られます。逆に，P の上昇は，実質的な資産の減少をもたらし，消費 C を減らすことで，総需要量

1　外国との貿易が存在する開放経済を考えると，もう一つの効果が考えられます。為替相場効果と呼ばれる効果です。この効果は，支出面から見た GDP $Y = C + I + G + NX$ における右辺の純輸出 NX に関係しています。物価水準 P の下落は，利子率効果が働くことで，利子率の低下をもたらします。これにより，外国為替市場において円に対する需要が減少し，円の価値の低下（したがって円安）を引き起こします。これにより輸出が増加し，輸入が減少することで，純輸出 NX が増加し，結果として，総需要量が増加します。すなわち，物価水準 P の下落は，総需要量 Y 増加をもたらすという右下がりの関係が得られます。逆に，P の上昇は，円の価値を上昇（円高）させることで，純輸出 NX を減らすことで，総需要量 Y の増加をもたらします。

Y の減少をもたらします。

　2 点目の効果である利子率効果は，上の式の右辺の投資 I に関係する効果です。物価水準 P が下落すると，財・サービスを購入する際に必要な貨幣の量が少なくなるため，貨幣需要が減少します。これまで保有していた貨幣が必要なくなれば，他の資産である債券を保有することになります。これにより債券需要が増加することで債券価格が上昇し，利子率が低下します。利子率の低下により投資 I が増加し，結果として，総需要量 Y が増加します。すなわち，物価水準 P の下落は，利子率の低下を通じて，総需要量の増加をもたらすという右下がりの関係が得られます。逆に，物価水準の上昇は，利子率を上昇させることで投資を減少させ，総需要量の減少をもたらします。

　以上のような効果が働くことが，AD 曲線が右下がりとなる理由です。

■ AD 曲線の傾きに影響を与える要因

　AD 曲線を導出する際には，IS 曲線と LM 曲線の交点，すなわち，財市場と資産市場が同時に均衡している状況下で，物価水準の変化により，実質貨幣供給量の変化を通じて，産出量の変化を考えました。AD 曲線は右下がりの形状を持ちますが，その傾きの大きさは，物価水準が変化したとき，産出量がどれだけ変化するかに依存します。例えば，物価水準の僅かな下落に対して，産出量が大きく増加する場合には，AD 曲線の傾きは緩やかになり，また，物価水準が大きく上昇しても，産出量がそれほど減少しない場合には，AD 曲線の傾きは急になります。

　ところで，物価水準の変化は，実質貨幣供給量の変化に対応しているため，物価水準の変化と産出量の変化の関係（すなわち，AD 曲線の傾き）は，実質貨幣供給量の変化と産出量の関係，すなわち，金融政策の効果の大きさと関連付けて考えることができます。

　第 9 講で学びましたが，LM 曲線をシフトさせる金融政策の効果の大きさ（すなわち，金融政策がどの程度産出量を変化させるのか）は，2 つの要因によって決まりました。

　1 つ目の要因は，貨幣需要の利子弾力性によるものです。貨幣需要の利子弾力性とは，貨幣需要が利子率の変化に対してどれほど敏感に反応するかを表

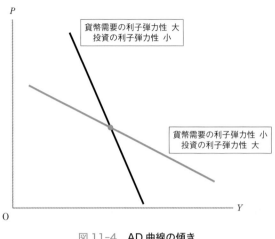

図 11-4　AD 曲線の傾き

す指標でした。貨幣需要の利子弾力性が大きい場合には，LM 曲線の傾きは緩やかになりました。この結果，実質貨幣供給量の増加による産出量増加の程度は小さくなりました。すなわち，貨幣需要の利子弾力性が大きい場合には，AD 曲線の傾きは急になります。反対に，貨幣需要の利子弾力性が小さい場合には，LM 曲線の傾きは急になるため，実質貨幣供給量の増加による産出量増加の程度は大きなものになりました。すなわち，貨幣需要の利子弾力性が小さい場合には，AD 曲線の傾きは緩やかになります。

　2つ目の要因は，投資の利子弾力性によるものです。投資の利子弾力性とは，投資が利子率の変化に対してどれほど敏感に反応するかを表す指標でした。投資の利子弾力性が大きい場合には，IS 曲線の傾きは緩やかになりました。この結果，実質貨幣供給量の増加による産出量増加の程度は大きくなりました。すなわち，投資の利子弾力性が大きい場合には，AD 曲線の傾きは緩やかになります。反対に，投資の利子弾力性が小さい場合には，IS 曲線の傾きは急になるため，実質貨幣供給量の増加による産出量増加の程度は小さなものになりました。すなわち，投資の利子弾力性が小さい場合には，AD 曲線の傾きは急になります（図11-4）。

11.2 AD 曲線をシフトさせる要因-------------

　個々の財・サービスに対する需要曲線と同様に，AD 曲線は，物価水準 P 以外の要因が一定の場合における，物価水準 P と財市場と資産市場を均衡させる産出量 Y の右下がりの関係です。したがって，P が変化すると，Y は AD 曲線に沿って変化し，P 以外の要因が変化すると，AD 曲線はシフトします。

■ 財 政 政 策
　政府支出の増加や減税など，IS 曲線を右上方へシフトさせるような拡張的な財政政策が実施されたとします。このとき，図 11-5 において，IS 曲線は，IS_1 から IS_2 へシフトします。それにより均衡点は点 E_1 から点 E_2 へ移り，

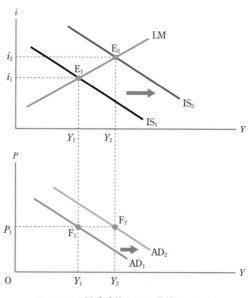

図 11-5　**財政政策と AD 曲線のシフト**

利子率は i_1 から i_2 へ上昇し，産出量も Y_1 から Y_2 へ増加します。このとき，物価水準が当初の P_1 のまま一定であれば，新たな均衡点 E_2 に対応する産出量は点 F_1 の右側の点 F_2 のような位置にあります。この点 F_2 を通る AD 曲線 AD_2 が，財政政策が実施された後の AD 曲線となります。したがって，政府支出の増加や減税などの拡張的財政政策は，AD 曲線を右上方向へシフトさせます。

逆に，政府支出の縮小や増税など，IS 曲線を左下方へシフトさせるような緊縮的財政政策は，AD 曲線を左下方へシフトさせます。

■ 金 融 政 策

次に，名目貨幣供給量 M を増加させる金融政策が実施された場合について考えます。**第 8 講**でも学んだように，名目貨幣供給量 M の増加は，LM 曲線を右下方へシフトさせます。これは，図 11-6 において，LM 曲線の

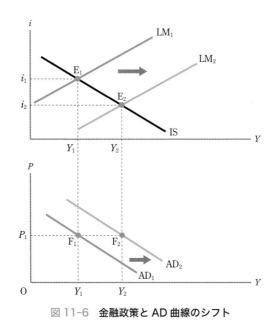

図 11-6　**金融政策と AD 曲線のシフト**

LM₁ から LM₂ へのシフトで表されます。均衡点は，点 E₁ から点 E₂ へ変化し，利子率は i_1 から i_2 へ低下，産出量は Y_1 から Y_2 へ増加します。物価水準が P_1 のまま一定であれば，点 E₁ から点 E₂ の変化は，図 11-6 の下の図において，点 F₁ から点 F₂ への変化に相当します。この点 F₂ を通る AD 曲線 AD₂ が，金融政策実施後の AD 曲線となります。したがって，名目貨幣供給量を増加させるような金融緩和政策は，AD 曲線を右上方向へシフトさせます。

　逆に，名目貨幣供給量を減少させるような金融引き締め政策は，LM 曲線を左上方へシフトさせることで，AD 曲線を左下方へシフトさせます。

11.3　AS 曲線----------------------------------

■ AS 曲線とは

　第 10 講で学んだ労働の需要曲線と供給曲線を思い出してください。労働の需要曲線は，実質賃金 W/P と労働需要 N^D の右下がりの関係を，労働の供給曲線は，実質賃金 W/P と労働供給 N^S の右上がりの関係を表しました。これらを用いて，労働量 N と産出量 Y の決定を考えた際には，特に物価水準 P の変化は考えませんでした。

　いま，労働市場において物価水準 P が変化するとき，労働量と産出量はどのように変化するのか考えてみましょう。その際，P 以外の外生変数である名目賃金 W は変化しないものとします。このとき，P の上昇は，実質賃金 W/P を下落させます。これを図で確認してみましょう。図 11-7 を見てください。当初，物価水準は P_1，実質賃金は W/P_1 であったとします。このときの労働量は労働需要曲線上の E₁ 点に対応する N_1 となり，産出量は下の生産関数上で，F₁ 点に対応する Y_1 となります。いま，物価水準が P_1 から P_2 に上昇すると，実質賃金は W/P_1 から W/P_2 に下落します。これにより労働量は E₂ 点に対応する N_2 へと増加します。新たな産出量は，生産関数上の F₂ 点に対応する Y_2 となり，Y_1 と比べて増加します。すなわち，物価水準の上昇は，労働市場において決まる労働量を増加させることで，産出量を増や

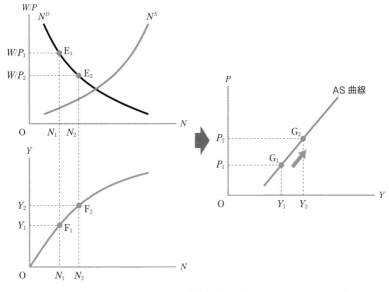

図 11-7　AS 曲線の導出

すことがわかります。反対に，P の下落は，労働量 N を減らすことで，Y を
減少させます。このような物価水準 P と産出量 Y の関係を，縦軸に P，横
軸に Y をとった平面に描くと，図中の右側のような右上がりの曲線となり
ます。

　以上のような労働市場を通じて企業が供給したいと考える産出量（サプラ
イ・サイドで決まる GDP）と物価水準の関係を総供給（Aggregate Supply）曲線
と呼び，省略して AS 曲線と呼びます。

■ AS 曲線が右上がりになる理由

　AS 曲線は，物価水準 P が上昇すると個々の財・サービスの生産量を集計
したものである GDP が増大し，逆に，物価水準 P が低下すると GDP が減
少する関係を表します。このような物価と生産量の右上がりの関係は，個々
の財・サービスの市場における供給曲線が右上がりであることと同じように

解釈できるように思われるかもしれません。しかしながら，AS 曲線と個々の財・サービスの市場における供給曲線は，AD 曲線と個々の財・サービスの市場における需要曲線が異なったのと同様に，以下の点において相違があることに注意してください。

　まず，ミクロ経済学では，個々の財・サービスに対する供給曲線は右上がりになることを学んだと思います。例えば，コーヒーの供給曲線が右上がりであるとは，コーヒー価格が上昇すればコーヒー生産者が供給したいと考えるコーヒーの量は増加し，逆にコーヒーの価格が下落すれば供給したいと考えるコーヒーの量は減少することを意味します。その理由は，コーヒーの価格が上昇するとき，他の要因（すなわち，紅茶や緑茶など他の財の価格や生産要素の価格である原材料費や賃金など）が変わらなければ，個々の生産者が供給量を増やすことは，彼らの利潤を増加させることを意味するからです。これが個々の財・サービスに対する供給曲線が右上がりになる理由です。

　それでは，同様の理由から，物価水準と総供給量の関係を表す AS 曲線も右上がりになるのでしょうか。まず，物価水準は，個々の財・サービスの価格を集計したものであることから，物価水準が上昇するとき，コーヒーの価格だけでなく，他の財・サービスの価格も上昇しています。したがって，この場合，コーヒーの供給量を増加させることは，コーヒー生産者の利潤を増加させるかどうかわかりません。すなわち，物価水準の上昇が総供給を増加させる理由は，個々の財・サービスの市場における供給曲線が右上がりである理由とは異なります。

　それでは，AS 曲線が右上がりになる理由はどのようなものが考えられるのでしょうか。この点について，これまでマクロ経済学では様々な説が多くの経済学者によって提唱されてきましたが，その代表的な要因として，前講でみた「名目賃金の硬直性」が重要な働きをします。

　前講でみたように名目賃金には「硬直性（非常にゆっくりと変化する）」という特徴があると考えられています。その理由は，一般的に，雇用が長期契約に基づいて行われるからであるという考えがあります。

　例として，労働者を雇用してパンを生産している企業を考えましょう。今期において，企業は，来期の物価水準を予想しながら，来期のパンの生産量

と労働者の雇用量，労働者に支払う（名目）賃金を決めるものとします。いま，今期の物価水準を100として，この企業が来期の物価水準も100と予想して，労働者と賃金の契約を結んだとします。このような物価の予想（この場合は100）を「期待物価水準」と呼びます。つまり，企業は来期の期待物価水準に基づき労働者と名目賃金の契約を結びます。

　このとき，来期の物価水準が，企業の予想した100ではなく，90となったものとします。つまり，パンを含むすべての財・サービスの価格が10%低下したとします。この予想外の物価下落に対して企業はどのように対応するのでしょうか。まず物価水準の下落は，企業の収入を10%減少させます。すべての財・サービスの価格が低下していますので，賃金以外の生産費用も10%低下します。ところが，（名目）賃金は，既に労働者を契約しているため，変更することはできません。したがって，物価水準の10%の低下は，企業の利潤を10%以上減少させることになります。この利潤の低下を少しでも避けるために企業は，労働時間を減らすなど労働量を調整し，生産量を減少させます。

　以上から，物価水準の下落は，生産量の減少をもたらします。逆に物価水準の上昇は，生産量の増加をもたらします。いずれにせよ，物価水準と総供給量は右上がりの関係となることがわかります。

11.4　AS曲線をシフトさせる要因------------

　個々の財・サービスに対する供給曲線と同様に，AS曲線は，物価水準 P 以外の要因が一定の場合における，物価水準 P と労働市場を通じて企業が供給したいと考える産出量 Y の右上がりの関係です。したがって，P が変化すると，Y はAS曲線に沿って変化し，P 以外の要因が変化すると，AS曲線はシフトします。

■ 生産要素価格
　賃金や原材料価格など生産要素価格が上昇したとします。生産要素価格の

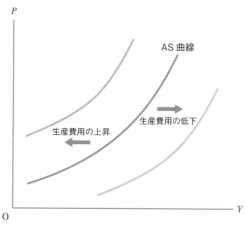

図 11-8　**AS 曲線のシフト**

上昇は，企業にとっては生産費用の増加を意味します。生産費用の増加は，それぞれの物価水準において企業が供給したいと考える供給量を減少させるため，AS 曲線を左上方向へシフトさせます。すなわち，生産要素価格の上昇は，AS 曲線の左上方向へのシフトをもたらします。反対に，生産要素価格の低下は，AS 曲線の右下方向へシフトさせます。この様子は，図 11-8で表されます。

11.5　均衡物価水準と均衡産出量の決定--------

　以上の説明から，財市場と資産市場を均衡させるような産出量と物価水準の間の右下がりの関係を表す AD 曲線と労働市場を通じた産出量と物価水準の間の右上がりの関係を表す AS 曲線の性質が明らかになりました。それらの曲線を同一平面に描いたものが図 11-9 です。

　AD 曲線は，ディマンド・サイドで決定される産出量と物価水準の関係を表し，他方，AS 曲線は，サプライ・サイドで決まる産出量と物価水準の関

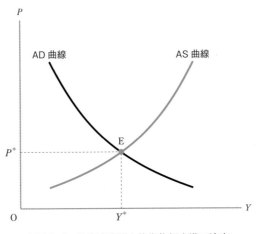

図11-9　均衡産出量と均衡物価水準の決定

係を表します。均衡における産出量と物価水準は，両者が等しくなるような水準に決定されます。図11-9における点Eがそれに相当します。点Eに対応するY^*と物価水準P^*が，それぞれ均衡産出量と均衡物価水準です。

■ Active Learning

問題1：AD曲線の導出　以下のようなマクロ経済を考える。

消費関数：$C = 20 + 0.6Y$

投資関数：$I = 100 - i$

貨幣需要関数：$L = 120 + 0.6Y - i$

名目貨幣供給量：$M = 200$

ただし，Cは消費，Yは所得，Iは投資，iは利子率，Lは貨幣需要量，Mは名目貨幣供給量を表す。また，当初の政府支出Gや租税Tはゼロであるとし，物価水準はPで表すものとする。

(1) この経済におけるAD曲線を求め，図示しなさい。

(2) いま，貨幣需要の利子弾力性が上昇し，貨幣需要関数が$L = 120 + 0.6Y - 3.5i$

で表されるものとする。この場合の AD 曲線を求め，(1) のケースと比較しなさい。

(3) いま，政府が財政政策として政府支出を 100 だけ増加させたとする。この場合の AD 曲線を求め，(1) のケースと比較しなさい。

問題 2：AS 曲線の導出と均衡　ある経済における生産関数が $Y=N^{1/2}$ で，労働の需要関数が $W/P=1/(2N^{1/2})$ で表されるとする。ただし，Y は産出量，N は労働投入量，W は名目賃金，P は物価水準を表し，当初の名目賃金は $W=0.5$ であったとする。

(1) この経済における AS 曲線を求め，図示しなさい。

(2) いま，名目賃金が $W=1$ へ上昇したとする。この場合の AS 曲線を求め，(1) のケースと比較しなさい。

(3) (1) のケースで，総需要曲線が $P=500/(Y-40)$ で与えられるとき，均衡物価水準と均衡産出量を求めなさい。

● Point Check　ケインズ派マクロ経済モデル

財市場の均衡

$$Y = C + I + G \qquad \text{(K1)}$$

消費関数（消費と所得の関係）

$$C = C(\overset{\oplus}{Y - T}) \qquad \text{(K2)}$$

投資関数（投資と利子率の関係）

$$I = I(\overset{\ominus}{i}) \qquad \text{(K3)}$$

IS 曲線

$$I(\overset{\ominus}{i}) = S(\overset{\oplus}{Y - T}) + (T - G) \qquad \text{(K : IS)}$$

LM 曲線（貨幣市場の均衡）

$$\frac{M}{P} = L(\overset{\oplus}{Y}, \overset{\ominus}{r}) \qquad \text{(K4)}$$

フィッシャー方程式

$$r = i - \pi^e \qquad \text{(K5)}$$

実質賃金

$$w = \frac{\overline{W}}{P} \qquad \text{(K6)}$$

労働量

$$N = N^D(w) \qquad \text{(K7)}$$

生産関数

$$Y = F(\overline{K}, N) \qquad \text{(K8)}$$

この講では，（K1）〜（K8）について説明しました。

AD-AS モデル②
：需要ショックと供給ショック

■前講においては，本書を通じて学んできた財市場・資産市場・労働市場というマクロ経済学において分析の対象とする３つの市場すべてを考慮したマクロ経済モデルである AD-AS モデルについて説明しました。本講では，そのような AD-AS モデルを用いて，現実のマクロ経済においてしばしば観察される「景気循環」と呼ばれる現象について理解を深めます。

12.1 景気循環とマクロ経済--------------------

　一般に GDP の水準は，長期的に見ると右肩上がりで増加（成長）してきますが，その増加の程度（成長率）は年によって大きく異なっています。すなわち，短期的に見ると，GDP の成長率は，年によって増減を繰り返すという性質を持っています。このような GDP や消費・投資・雇用などマクロの経済活動の中・短期的な変動を「景気循環（ビジネス・サイクル）」と呼んでいます。景気循環の要因やそのメカニズムの解明は，マクロ経済学における主要な目的の一つです[1]。

　景気循環は，様々な性質を持っていますが，その中でも重要な２つの性質を紹介します。第一に，産出量（GDP）が変動する際には，消費や投資など他のマクロ経済変数も同じように変動します。例えば，好景気の時期に産出量が増加する際には，消費や投資，雇用も同じように増加し，不景気の際に

1　「景気循環」が GDP の中・短期的な変動であるのに対して，その長期的な水準の推移は「経済成長」と呼ばれます。「経済成長」の要因やメカニズムの解明もマクロ経済学における主要な目的ですが，本書では明示的には取り扱いません。興味のある読者は，より中上級向けのテキストを参照してください。

産出量が減少する際には，それらも同様に減少する傾向があります。第二の性質としては，産出量（GDP）と失業は逆方向に変化するというものです。雇用の増加は失業が減少することを意味しますので，好景気で産出量が増加する際には失業は減少し，不景気で産出量が減少する際には失業が増加することになります。

どのような要因から産出量が変動するのでしょうか。前講では，産出量と物価水準は，AD曲線とAS曲線の交点において決定されることを学びました。したがって，AD曲線やAS曲線をシフトさせるような要因によって，均衡における産出量と物価水準は変化することになります。本講では，前講において学んだAD-ASモデルを用いて，このような産出量や物価水準の変動，すなわち景気循環について考えます。

12.2　需要ショックによる景気循環-------------

前講において，需要側（ディマンド・サイド）から見た産出量と物価水準の関係を表すAD曲線（＝総需要曲線）は，様々な要因によってシフトすることを学びました。特に，政策面では，増税・減税や政府支出の拡大などの財政政策や貨幣供給量を変化させる金融政策の影響を受けることを学びました。それらの政策手段は，総需要の構成項目である消費や投資などを変化させることで，AD曲線をシフトさせました。

したがって，同じように考えると，総需要を構成する消費や投資さらには純輸出に何らかの影響を与えるような出来事が経済に生じることで，やはり，AD曲線はシフトすることになります。このようなAD曲線をシフトさせることでその影響が現れるような経済の撹乱を「需要ショック」と言います。

たとえば，株価の暴落や外国経済の不況などによって，人々が経済の先行きに対して悲観的になったとします。これにより人々は消費や投資を抑制しようとします。消費や投資が減ることで総需要も減少し，AD曲線は，図12-1のAD$_0$からAD$_1$へと左下方向へシフトします。その結果，均衡は当初のA点からB点へと移動します。産出量はY_0からY_1へ減少し，物価水

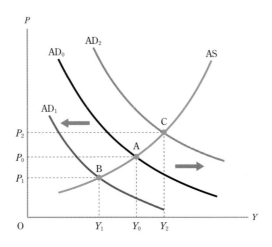

図12-1　需要ショックと景気循環

準は P_0 から P_1 へ下落します。

　反対に，株価の高騰や外国経済が好況になり，人々が経済の先行きに楽観的になると，人々は消費や投資を拡大することで総需要は増加し，AD 曲線は，図12-1の AD_0 から AD_2 へと右上方向へシフトします。均衡は A 点から C 点へと変化し，産出量は Y_0 から Y_2 へ増加，物価水準は P_0 から P_2 へ上昇します。

　いま，上のようなプラスとマイナスの需要ショックが交互に訪れるものとします。このとき AD 曲線のシフトも交互に発生することになり，産出量が増加すると物価水準も上昇し，産出量が減少すると物価水準も下落するような景気循環が発生することになります。

　そのような景気循環が発生する場合，マクロ経済政策はどのような役割を持つのでしょうか。上でも述べた通り，政府支出の増加や減税などの財政政策（拡張的財政政策と呼ばれます）や貨幣供給の増加（緩和的金融政策と呼ばれます）は AD 曲線を右上方向へシフトさせます。したがって，人々が経済の先行きに悲観的になって AD 曲線が左下方向へシフトすることで産出量 Y が減少する場合には，マクロ経済政策として拡張的財政政策や緩和的金融政策

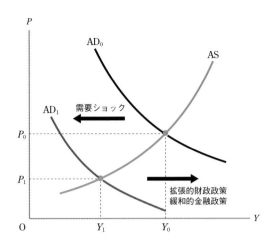

図 12-2　需要ショックによる景気循環とマクロ経済政策

を実施して AD 曲線を右上方向へシフトさせることで，産出量を元の水準まで回復させることができます（図 12-2）。

　逆に，人々が経済の先行きに過度に楽観的になって AD 曲線が右上方向へシフトすることで産出量が過大となり，景気が過熱した状態になったとします。この場合は，マクロ経済政策として政府支出の削減や増税といった「緊縮的財政政策」や貨幣供給を減少させる「引締的金融政策」を実施して AD 曲線を左下方向へシフトさせることで，産出量を抑えて景気を適度な状態に戻すことができます。

　いずれにせよ上のようなマクロ経済政策の実施によって，需要ショックによって発生する産出量の変動を安定化させることが可能となります。景気循環が発生する場合におけるマクロ経済政策の重要な役割である言えます。

12.3　フィリップス曲線と需要ショック------------による景気循環

　景気循環を考える上で重要な概念に「フィリップス曲線」と呼ばれるイン

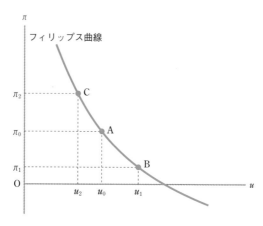

図12-3　フィリップス曲線と景気循環

フレ率と失業率の関係があります。フィリップス曲線という名称は，両者の関係を研究した経済学者フィリップス（A. W. H. Phillips）に由来します。フィリップスは，1861年から1957年までの約100年の英国における失業率と名目賃金の変化率の関係を調べた際に，両者の間には負の相関関係があることを示しました。名目賃金の変化率とインフレ率の間には比例的な関係があるため，インフレ率と失業率の間にも負の相関関係があることになります。これを図で表したものが図12-3です。縦軸にインフレ率π，横軸に失業率Uをとった平面において，両者は右下がりの関係となっていることがわかります。フィリップス曲線の考え方によると，マクロ経済はこの曲線上のいずれかの点に位置することになります。

　フィリップス曲線を用いて景気循環について考えてみましょう。図12-3を見てください。当初，経済は点Aに位置しており，失業率はu_0，インフレ率はπ_0であったとします。いま，経済が不景気になり産出量が減少したとします。このとき雇用も同時に減少するため，失業率はu_0からu_1へ上昇します。これによりインフレ率は，フィリップス曲線に沿って，π_0からπ_1へ低下します。経済における失業率とインフレ率の組合せは，当初の点Aの(u_0, π_0)から点Bの(u_1, π_1)へと変化します。不景気により失業率は上昇し

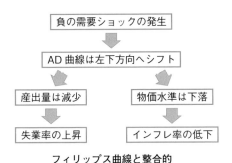

フィリップス曲線と整合的

図12-4　フィリップス曲線と需要ショックによる景気循環

ますが，代わりにインフレ率が低下していることがわかります。

　逆に，経済が好景気になり産出量が増加し，失業率が u_2 へ低下したとします。このとき，同様に，インフレ率はフィリップス曲線に沿って，π_0 から π_2 へ上昇し，経済におけるインフレ率と失業率の組合せは点 C の (u_2, π_2) となります。好景気により失業率は低下しますが，インフレ率は上昇することになります。

　上でも述べたように，フィリップス曲線は，マクロ経済モデルから理論的に導かれたというよりも，実際のデータを観察することによって得られた関係です。しかしながら，フィリップス曲線が想定するような景気循環（すなわち，失業率の低下とインフレ率の上昇）は，前の節で学んだ需要ショックによる景気循環と整合的になります。これを確認してみましょう。

　まず，AD 曲線を右上方向へシフトさせるような需要ショックが発生するとき，産出量は増加し，物価水準も上昇します。産出量の増加は，失業を低下させます。また，物価水準の上昇はインフレ率の上昇をもたらします[2]。したがって，プラスの需要ショックの発生により，失業率の低下とインフレ率の上昇というフィリップス曲線と同様の関係を確認できます。

2　インフレ率は，物価水準の変化率です。したがって，物価水準が上昇したときに，インフレ率が上昇するかどうかは実は自明ではありません。しかしながら，当初，物価水準は一定であった（すなわち $\pi = 0$ が成立している）状況から物価水準が上昇すれば，インフレ率も上昇することになります。

逆に，AD 曲線を左下方向へシフトさせるような需要ショックが発生する
とき，産出量は減少し，物価水準も下落します。産出量の減少は，失業を上
昇させます。また，物価水準の下落はインフレ率の低下をもたらします。し
たがって，マイナスの需要ショックの発生により，失業率の上昇とインフレ
率の低下というフィリップス曲線と整合的になることがわかります（図12-4）。

12.4　供給ショックによる景気循環-------------

■ 供給ショックとは

　前講で供給側（サプライ・サイド）から見た産出量と物価水準の関係を表
す AS 曲線（＝総供給曲線）を学んだ際には，AS 曲線をシフトさせる要因の
一つとして，生産要素価格の変化について考えました。特に，生産要素価格
の上昇は，それぞれの物価水準において，企業が供給したいと考える生産量
を減少させることで，AS 曲線を左上方向へシフトさせることを学びました。
すなわち，生産要素価格は，企業の生産活動に影響を与えることで，AS 曲
線をシフトさせることになります。

　したがって，同じように考えると，企業の生産活動に何らかの影響を与え
るような他の要因の発生によって，やはり，AS 曲線はシフトすることにな
ります。例えば，利用可能な物的・人的資本の量の変化，労働量の変化，天
然資源の量の変化，技術進歩の発生は，企業の生産活動に影響を与える要因
であると考えられます。このような AS 曲線をシフトさせることでその影響
が現れるような経済の撹乱を「供給ショック」と言います。

■ 供給ショックのプロセス

　ここでは，多くの企業において生産要素として用いられる石油の価格が変
化した場合の景気循環について考えます。

　いま，石油の国際価格が急激に上昇したとします。このとき，企業は，こ
れまでよりも少ない石油しか用いることができないため，同じ労働力を投入
しても生産できる財・サービスの量が減少します。これは企業の生産関数が

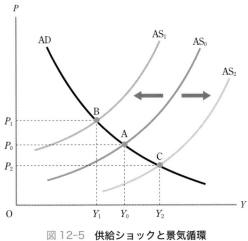

図12-5　供給ショックと景気循環

下方にシフトすることを意味します。その結果，それぞれの物価水準で，企業が供給したいと考える生産量は減少し，AS曲線は，図12-5のAS$_0$からAS$_1$へと左上方向へシフトします。均衡は当初の点Aから点Bへと移動し，産出量はY_0からY_1へ減少，物価水準はP_0からP_1へ上昇します。

　反対に，石油の国際価格が下落すると，総供給は増加し，AS曲線は，図12-5のAS$_0$からAS$_2$へと右下方向へシフトします。均衡は点Aから点Cへと変化し，産出量はY_0からY_2へ増加，物価水準はP_0からP_2へ下落します。

　需要ショックで考えたのと同様に，いま，上のようなプラスとマイナスの供給ショックが交互に訪れるとします。このとき，AS曲線のシフトも交互に発生することになり，産出量が増加すると物価水準は下落し，産出量が減少すると物価水準が上昇するような，需要ショックのケースとは逆の景気循環が発生することになります。

　それでは，このような景気循環が発生する場合，マクロ経済政策はどのような役割を持つのかを考えてみましょう。まず，需要ショックを考えた際にも確認しましたが，拡張的財政政策（政府支出の増加や減税など）や緩和的金融政策（貨幣供給の増加）はAD曲線を右上方向へシフトさせます。した

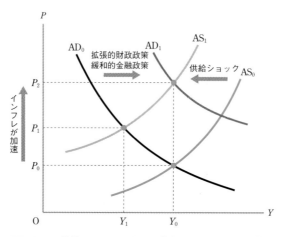

図 12-6　供給ショックによる景気循環とマクロ経済政策

がって，石油価格が上昇して AS 曲線が左上方向へシフトすることで産出量 Y が減少する場合には，マクロ経済政策として拡張的財政政策や緩和的金融政策を実施して AD 曲線を右上方向へシフトさせることで，需要ショックと同様に，産出量を元の水準まで回復させることができます。しかしながら，物価水準は，供給ショックが発生する前と比べて，大きく上昇してしまう，すなわち，インフレをさらに加速させてしまうことになります（図 12-6）。

　また，同様に，石油価格が下落して AS 曲線が右下方向へシフトすることで産出量が増加し物価水準が下落する場合に，緊縮的財政政策（政府支出の削減や減税など）や収縮的金融政策（貨幣供給の減少）を実施して AD 曲線を左下方向へシフトさせると，産出量を元の水準に戻すことはできますが，物価水準をさらに下落させてしまう，すなわち，インフレをさらに低減させることになります。

　いずれにせよ，供給ショックによって産出量が変動した場合には，上のようなマクロ経済政策の実施によって，産出量の変動を安定化させることは可能ですが，物価水準を元の水準に戻すことはできません。この点が，需要ショックのケースとは異なる点です。

■ フィリップス曲線からみた供給ショック

このような産出量が増加すると物価水準は下落し，産出量が減少すると物価水準が上昇するような供給ショックによる景気循環を，前節で紹介したフィリップス曲線の観点から考えてみましょう。フィリップス曲線は，失業率とインフレ率の間の負の関係を表したものです。現実の景気循環の多くは，フィリップス曲線上の移動として理解することができます。一方，供給ショックによる景気循環は，失業率が低下すると（すなわち，産出量が増加すると）物価水準は下落し，失業率が上昇すると（すなわち，産出量が低下すると）物価水準も上昇するといった失業率とインフレ率の正の関係を意味します。

景気が良くなりつつインフレ率が低くなる，景気が悪くなりつつインフレ率が高くなるような景気循環は，必ずしも現実的であるとは思えないかもしれません。しかしながら，日本を含む先進国は，供給ショックによる景気循環が生じたと考えられる経験が，少なくとも1度あります。それは1970年代に起きたオイルショックです。**コラム12.1**では，オイルショックの経験が供給ショックによる景気循環とどの程度整合的なのか考えてみたいと思います。

コラム12.1　オイルショックの経験

1973年に発生した第一次オイルショックは，当時の先進国の経済に大きな影響を与えました。突然の石油価格の上昇によって，景気は悪化しインフレ率が高くなったのです。このような状況は直ちには解消されず，先進各国で慢性的な高い失業率と高いインフレ率が観察されました。このような不景気（スタグネーション）の下でのインフレーションは，スタグフレーション（スタグネーション＋インフレーション）と呼ばれるようになりました。すなわち，このときの経済の変動は，フィリップス曲線上を動くのではなく，失業率とインフレ率が正の相関を持つように動いたものと考えられます。

このようなフィリップス曲線上を移動しないタイプの景気循環に対しては，どのような政策対応が考えられるでしょうか。例えば，拡張的財政政策と緩和的金融政策によってAD曲線を右上方向へシフトさせると，産出量は回復しますが，インフレは加速することになります。実際に，オイルショックに対して財政政策や金融政策で対応した先進各国は非常に高いインフレ率を経験しました。つまり，これはオイルショックが供給ショックであったことを意味します。

1979年の第二次オイルショックにおいて，インフレが深刻化した米国では，FRB（連邦準備制度理事会）の当時の議長であったポール・ボルカーによって，銀行がFRBに預ける準備金の額を引き上げ，高金利政策がとられてインフレが抑えられたと言われています。AD-ASモデルにおいてインフレ率を低下させるためには，引締的金融政策が実施されなければなりません。それにより産出量は減少することになりますが，インフレ率を低下させることができる点でボルカー議長の政策はAD-ASモデルと整合的であったと考えられます。

■ Active Learning

問題1：需要ショックとマクロ経済政策　以下のようなマクロ経済を考える。

$$消費関数：C = 200 + 0.7Y$$
$$投資関数：I = 1000 - i$$
$$政府支出：G = 18$$
$$貨幣需要関数：L = 1200 + 0.7Y - i$$
$$名目貨幣供給量：M = 1600$$
$$総供給曲線：P = Y$$

ただし，Cは消費，Yは所得，Iは投資，iは利子率，Lは貨幣需要量，Mは名目貨幣供給量，Pは物価水準を表すものとする。

(1)　この経済におけるAD曲線を求めなさい。

(2)　均衡物価水準と均衡産出量を求めなさい。

(3)　いま，需要ショックによって政府支出が0になったとする。新たな均衡における産出量と物価水準を求めなさい。

(4)　(3)の状態から，金融政策によって産出量を元の水準に戻すためには，どれだけの貨幣供給量の増加が必要か。

問題2：供給ショックとマクロ経済政策　ある経済における生産関数が$Y = 2N^{1/2}$で，労働の需要関数が$W/P = 1/(N^{1/2})$で表されるとする。ただし，Yは産出量，Nは労働投入量，Wは名目賃金，Pは物価水準を表し，当初の名目賃金は$W = 1$であったとする。また，この経済における総需要曲線は，$P = 18 - Y$で与えられているとする。

(1)　この経済におけるAS曲線を求めなさい。

(2)　均衡物価水準と均衡産出量を求めなさい。

(3)　いま，供給ショックによって名目賃金が$W = 4$へ上昇したとする。新たな均

衡における産出量と物価水準を求めなさい。

(4) (3)の状態から，財政政策によって産出量を元の水準に戻すと，どれだけの
インフレが発生するか。

● Point Check　ケインズ派マクロ経済モデル

財市場の均衡

$$Y = C + I + G \qquad \text{(K1)}$$

消費関数（消費と所得の関係）

$$C = C(\overset{\oplus}{Y-T}) \qquad \text{(K2)}$$

投資関数（投資と利子率の関係）

$$I = I(\overset{\ominus}{i}) \qquad \text{(K3)}$$

IS 曲線

$$I(\overset{\ominus}{i}) = S(\overset{\oplus}{Y-T}) + (T-G) \qquad \text{(K : IS)}$$

LM 曲線（貨幣市場の均衡）

$$\frac{M}{P} = L(\overset{\oplus}{Y}, \overset{\ominus}{r}) \qquad \text{(K4)}$$

フィッシャー方程式

$$r = i - \pi^e \qquad \text{(K5)}$$

実質賃金

$$w = \frac{\overline{W}}{P} \qquad \text{(K6)}$$

労働量

$$N = N^D(w) \qquad \text{(K7)}$$

生産関数

$$Y = F(\overline{K}, N) \qquad \text{(K8)}$$

この講では，(K1) ～ (K8) について説明しました。

第 13 講
新古典派マクロ経済モデル①
: 労働市場の修正

■前講までに学んだマクロ経済モデルでは，IS-LM 分析によって導出された
AD（総需要）曲線と労働市場における企業の行動によって導出される AS
（総供給）曲線がその中心的役割を果たしました。このようなモデルは，「ケ
インズ派マクロ経済モデル」と呼ばれています。ケインズ派マクロ経済モデ
ルに対するもう一つのマクロ経済モデルとして，「新古典派マクロ経済モデ
ル」と呼ばれるモデルがあります。本講と続く第 14 講では，このような新
古典派マクロ経済モデルについて学びます。

13.1　新古典派マクロ経済モデルとは----------

　前講までに学んだケインズ派マクロ経済モデルの「ケインズ派」は，その
名前が示す通り，**第 2 講**で紹介した経済学者ケインズによる理論を中心に発
展した「ケインズ派マクロ経済学」から来ています。その特徴のうち重要な
ものとして

① 　需要（有効需要）が産出量（GDP）の水準を決定する
② 　名目賃金は硬直的である

の 2 点があります。ここで，②の「名目賃金の硬直性」について振り返りま
しょう。

　第 10 講で学んだ労働市場は，実質賃金と労働需要量の間の右下がりの関
係を表す労働需要曲線と両者の間の右上がりの関係を表す労働供給曲線に
よって実質賃金 W/P と労働量 N が決まる市場でした。名目賃金 W が硬直的

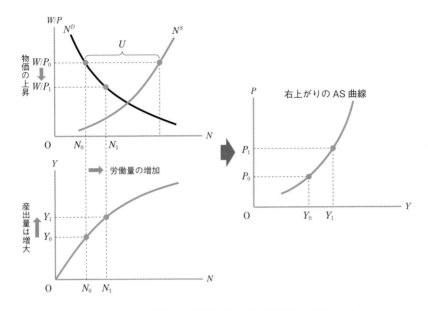

図 13-1　ケインズ派マクロモデルにおける労働量と産出量の決定

であるとき，物価水準 P が一定の下では，実質賃金 W/P は下落しません。このため実質賃金は労働需要曲線と労働供給曲線が交わる点よりも高い水準にとどまり，労働市場には超過供給（すなわち失業）が発生します。このような想定の下では，物価水準 P と産出量 Y の間の関係を表す AS 曲線は右上がりとなり，右下がりの AD 曲線とともに均衡における物価水準と産出量の決定を考えたのが前講と前々講での議論（すなわち，ケインズ派マクロ経済モデル）でした（図 13-1）。

　これに対して，新古典派マクロ経済モデルの「新古典派」は，ケインズより一足早く 19 世紀に誕生した「新古典派経済学」に由来します。新古典派経済学の特徴としては，

① 伸縮的な価格調整によって効率的な資源配分が実現される

② 名目賃金は労働市場を均衡させるように調整される

が挙げられます。すなわち，新古典派マクロ経済モデルは，ケインズ派マクロ経済モデルの「名目賃金の硬直性」は仮定せず，名目賃金 W は労働市場を均衡させるように伸縮的に調整されると考えます。このような想定の下では，労働市場において超過供給は発生せず，市場は常に均衡することになります。

それでは，労働市場が常に均衡する場合には，市場における需要側を表す AD 曲線と供給側を表す AS 曲線はどのような影響を受けるのでしょうか。結論から述べると，それによって大きく変わるのは AS 曲線です。したがって，以下では労働市場が均衡する場合に，AS 曲線の形状がどのような影響を受けるかについて考えます。

■ 労働市場の均衡

名目賃金の硬直性を仮定しない場合，労働市場では，通常の財・サービスの市場と同様に，超過供給（すなわち失業）は，実質賃金が低下することで解消されます。市場においては労働の需要と供給が一致する均衡が実現し，均衡実質賃金 $(W/P)^*$ と均衡労働量 N^* が決定されます。そして，均衡労働量 N^* に対応した産出量 Y^* が生産関数から決まります（図 13-2）。これがケインズ派マクロ経済モデルとの大きな違いです。

このように新古典派マクロ経済モデルにおいては，労働市場が常に均衡するため，非自発的失業は発生しません。**第 10 講**で学んだように，非自発的失業者とは現在の実質賃金で働く意思がある（労働を供給したいと考える）にもかかわらず仕事が得られない（労働を供給できない）労働者を表します。このような失業者は，労働市場において超過供給が発生している状態において発生するため，労働市場が均衡している状態においては，非自発的失業はないと考えてよいことになります。

ただし，ここで，非自発的失業が存在しないことは，失業者が 1 人もいないことを意味する訳ではない点に注意してください。労働者は，より良い職を求めて転職活動等のために，あえて自発的に失業状態になることがあります（このような失業者を「自発的失業者」と呼びました）。したがって，労働市場が均衡している状態でも，自発的失業者が存在している可能性はあります。

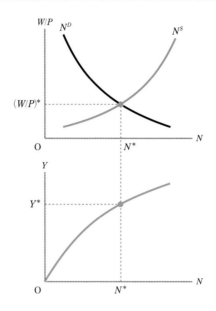

図 13-2　新古典派マクロ経済モデルにおける労働量と産出量の決定

新古典派マクロ経済モデルにおいて存在しないのは，非自発的失業者，すなわち，市場で決まった実質賃金で働く意思があるにもかかわらず働くことができない労働者です。

■ AS 曲線

労働市場が均衡することで，AS 曲線はどのように変化するのでしょうか。前講で学んだケインズ派マクロ経済モデルでは，名目賃金 W が一定であったため，例えば，物価水準 P が上昇するとき，実質賃金 W/P は低下します。これにより労働量 N は労働需要曲線に沿って増加し，産出量 Y は生産関数に従って増加します。すなわち，右上がりの AS 曲線で表されるような物価水準 P と産出量 Y の間の関係が確認できます。

ところが，新古典派マクロ経済モデルのように，名目賃金 W が労働市場を均衡させるように調整される場合には，上のような関係は生じません。図

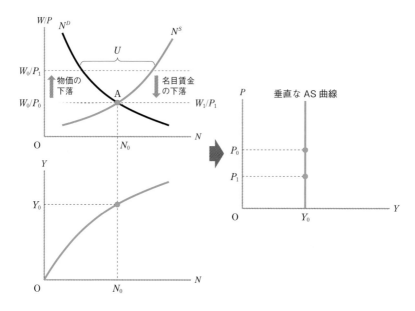

図 13-3　労働市場の均衡と AS 曲線

13-3 で確認しましょう。いま，労働市場は点 A で均衡しているとします。このとき何らかの事情で物価水準が P_0 から P_1 へ下落するとき，名目賃金が W_0 から変わらなければ，実質賃金は W_0/P_0 から W_0/P_1 へ上昇することになります。これにより，労働市場では，U だけの失業（超過供給）が発生します。

　労働市場における超過供給の発生により，名目賃金 W は，それが解消されるよう低下します。すなわち，物価水準が P_1 から変わらなければ，名目賃金は，点 A に対応する W_1 の水準まで低下します。このときの実質賃金は，W_1/P_1 であり，当初の実質賃金 W_0/P_0 に一致します。労働量も当初の水準 N_0 から変化はありませんので，産出量も一定となります。以上から，名目賃金の硬直性を仮定しない新古典派マクロ経済モデルでは，物価水準の変動は名目賃金の調整によって実質賃金を変化させないため，産出量は，物価水準に関わらず一定の値になります。したがって，図 13-3 の右図のような，垂直

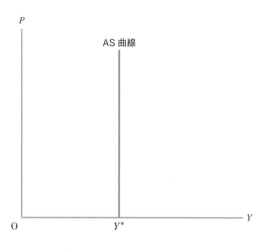

図13-4 新古典派マクロモデルにおける AS 曲線

な AS 曲線を描くことができます。

　垂直な AS 曲線に対応する産出量 Y の水準は，生産関数から求めることが
できます。**第10講**で学んだように，生産関数は，以下のように表されまし
た。

$$Y = F(\overline{K}, N)$$

Y は産出量，N は労働量を表すのはこれまで通りです。K は資本量を表し，
資本量は一定であると仮定するため，その量を $\overline{K}$ で表します。この式から，
労働量 N が決まると，産出量 Y の水準が決まることがわかります。労働市
場において決まる労働量を N^* で表すと，それを生産関数に代入することで，
産出量は，

$$Y^* = F(\overline{K}, N^*)$$

のように決まります。上でも述べたように，産出量 Y^* は，非自発的失業が
存在しない場合における産出量に対応します。このような産出水準は，「完全
雇用水準の産出量」と呼ばれます。AS 曲線は Y^* で垂直となります（図13-4）。

13.2　新古典派マクロ経済モデルの均衡--------

　以上見てきた労働市場における労働量の決定，生産関数を通じた産出量の決定，完全雇用水準の産出量で垂直な AS 曲線といった3つの側面からなる新古典派マクロ経済モデルの均衡の全体図を4つのグラフを用いて考えましょう。

　図13-5 がそれを表したものです。まず，左下の第3象限は，縦軸（下方向にプラス）に労働量 N，横軸（左方向にプラス）に実質賃金 W/P をとって，労働の需要曲線と供給曲線が描かれています。需要曲線と供給曲線の交点である点Cにおいて，実質賃金と労働量が決まります。次に，右下の第4象限は，縦軸に労働量 N，横軸に産出量 Y をとって，生産関数が描かれています。労働市場の均衡から決まってくる労働量に対応した産出量が点Dで決定されます。産出量は，完全雇用水準の産出量であり，この水準で垂直な

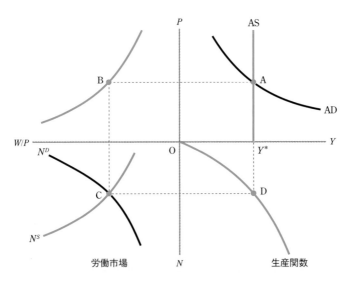

図 13-5　**新古典派マクロ経済モデルの均衡**

AS 曲線は，縦軸に物価水準 P，横軸に産出量 Y をとった第 1 象限に描くことができます。AD 曲線は，ケインズ派マクロ経済モデルにおける AD 曲線と同様に右下がりになります。垂直な AS 曲線と右下がりの AD 曲線の交点である点 A において，均衡産出量と均衡物価水準が決まります。最後に，第 2 象限は，縦軸に物価水準 P，横軸に実質賃金 W/P をとって，両者の関係を示したものです。名目賃金が特定の水準に与えられると，物価水準の上昇は，実質賃金を下落させる関係になっていることがわかります[1]。

13.3 新古典派マクロ経済モデル---------------における経済変動

それではこれまでに得られた新古典派マクロ経済モデルの AS 曲線と AD 曲線を用いて，経済変動について考えましょう。

■ 総需要の変動

まず，需要側を表す AD 曲線の変動について考えましょう。図 13-6 を見てください。AD 曲線は，ケインズ派マクロ経済モデルと同様右下がりです。いま，何らかの事情で，経済全体の総需要が増加し，AD 曲線が AD_0 から AD_1 へと右上方向へシフトしたとします。このとき均衡点，点 A から点 B へ変化します。総供給曲線 AS が垂直であることから，産出量は Y_0 から変化せず，物価水準のみが P_0 から P_1 へと上昇します。同様に，経済全体の総需要が減少し，AD 曲線が AD_0 から AD_2 へと左下方向へシフトする場合にも，やはり，新たな均衡点 C においては，産出量は変化せず，物価水準のみが P_0 から P_2 へと下落することになります。

以上から，新古典派マクロ経済モデルにおいて，産出量を変化させるような経済変動は，AS 曲線がシフトした場合に限られることがわかります。

1　P と W/P の関係は，$y = a/x$（a は正の定数）のような双曲線になります。

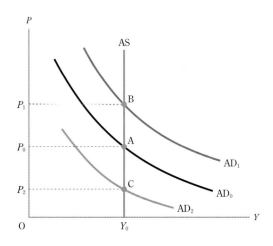

図13-6　新古典派マクロ経済モデルにおける総需要の変動

■ 総供給の変動

　それではどのような場合にAS曲線がシフトするのでしょうか。AS曲線は完全雇用水準の産出量 Y_0 において垂直であるため、Y_0 が変化する場合にAS曲線がシフトすることになります。完全雇用水準の産出量は、生産関数上で、労働市場を均衡させるような労働量に対応する産出量でした。したがって、完全雇用水準の産出量を変化させるのは、労働市場を均衡させる労働量が変化する場合になります。労働量は、労働市場における需要と供給に基づいて決まるため、それを変化させるのは、(1)労働需要が変化する場合、(2)労働供給が変化する場合のいずれかです。

　(1)の労働需要の変化は、労働需要曲線のシフトに対応しています。**第10講**でも学んだように、労働需要曲線は、企業が、生産要素である労働をどれだけ需要するかに依存します。例えば、技術進歩や他の生産要素である資本の投入量の増加によって、企業がこれまでよりもより多くの労働を需要するようになる場合には、労働需要曲線は右上方向へシフトします。それにより、労働市場を均衡させる労働量は増加します。労働量が増加することは、生産関数上で、それに対応する産出量が増加することになります。これは、AS

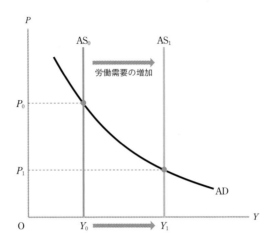

図 13-7　労働需要の増加と AS 曲線のシフト

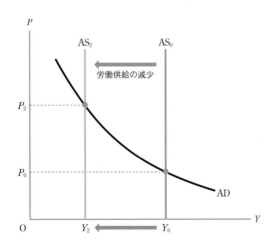

図 13-8　労働供給の減少と AS 曲線のシフト

曲線の右方向へのシフトを意味します（図13-7）。

　(2)の労働供給の変化は，労働供給曲線のシフトに対応しています。やはり，**第10講**で学んだように，労働供給曲線は，家計が，それぞれの賃金に対してどれだけ労働を供給してもよいと考えるか（家計の労働に対する選好と

言います）依存します。例えば，家計がそれぞれの賃金に対して，供給してもよいと考える労働が減少すれば，労働供給曲線が左上方向へシフトします。それにより，労働市場を均衡させる労働量は減少します。労働量の減少は，生産関数上で対応する産出量が減少することを意味します。その結果，AS曲線は左方向へシフトすることになります（図13-8）。

■供給側の変化と「セイの法則」

　以上見てきたように新古典派マクロ経済モデルでは，供給側（サプライ・サイド）の変化によってのみ産出量の変化が発生し，需要側（ディマンド・サイド）の変化は産出量を変化させません。そのような意味で，新古典派マクロ経済モデルは，サプライ・サイドを重視したモデルになっており，ディマンド・サイドを重視するケインズ派マクロ経済モデルとの大きな相違点となっています。

　なぜ，新古典派マクロ経済モデルでは，ディマンド・サイドが産出量に影響を及ぼさないのでしょうか。本講の始めに新古典派とケインズ派のマクロモデルの違いについて学んだ際に，新古典派マクロ経済モデルにおいては，労働市場の超過供給は，名目賃金が伸縮的に調整されることで解消されることを学びました。この点が両者を区別する重要なポイントになります。

　新古典派マクロ経済モデルは，賃金のみならず他の財・サービスを含めた伸縮的な価格の調整を前提としたマクロモデルです。例えば，供給されたある財・サービスについて，需要が供給を大幅に上回る場合には，価格の上昇によって超過需要が解消されます。逆に，需要が供給を大幅に下回る場合には，価格低下によって超過供給が解消されます。すなわち，価格の伸縮的な調整機能によって，売れ残りや品不足は存在せず，人気のない商品であっても，生産されれば価格が調整されて（結果的には低い価格で）誰かに購入されることが前提になっています。このような性質は，「供給それ自体が需要を生み出す」という言葉で有名な経済学者の名前をとって，「セイの法則」と呼ばれています。セイの法則は，伸縮的な価格の変化を前提とするモデルで成立します。新古典派マクロ経済モデルは，価格の伸縮性を前提としてセイの法則が成立するため，ディマンド・サイドは重要な役割を持たないこと

になります。

問題1：AS曲線の導出　ある経済における生産関数が$Y=\ln(N)+200$で（ただしNは$Y>0$となる程度に十分大きいとする），労働の需要関数が$W/P=1/N$で表されるとする。また，労働の供給関数が$W/P=N$で表されるとする。ただし，Yは産出量，Nは労働量，Wは名目賃金，Pは物価水準を表す。

(1) この経済が新古典派マクロ経済モデルによって描写されるとき，この経済におけるAS曲線を求め，図示しなさい。

(2) 総需要曲線が$P=480/(Y-40)$で与えられるとき，均衡産出量と均衡物価水準を求めなさい。

問題2：AD・AS曲線とマクロ経済の均衡　次のような新古典派マクロ経済モデルを考える。

〈ディマンド・サイド〉

消費関数：$C=400+0.5Y$

投資関数：$I=440-2i$

政府支出：$G=80$

貨幣需要関数：$L=800+0.75Y-i$

名目貨幣供給量：$M=1440$

〈サプライ・サイド〉

完全雇用産出量：$Y=480$

ただし，Cは消費，Yは所得（産出量），Iは投資，iは利子率，Lは貨幣需要量，Mは名目貨幣供給量，Pは物価水準，Wは名目賃金，Nは労働量を表すものとする。

(1) この経済におけるAD曲線を求めなさい。

(2) 均衡における産出量と物価水準を求めなさい。

(3) 需要ショックにより政府支出が120に増加するとき，新たな均衡における産出量と物価水準を求めなさい。

(4) 供給ショックにより完全雇用産出量が$Y=240$となるとき，新たな均衡における産出量と物価水準を求めなさい。

● Point Check　新古典派モデル

財市場の均衡

$$Y = C + I + G \qquad \text{(N1)}$$

消費関数（消費と所得の関係）

$$C = C \overset{\oplus}{(Y - T)} \qquad \text{(N2)}$$

投資関数（投資と利子率の関係）

$$I = I \overset{\ominus}{(i)} \qquad \text{(N3)}$$

IS 曲線

$$I \overset{\ominus}{(r)} = S \overset{\oplus}{(Y - T)} + (T - G) \qquad \text{(N : IS)}$$

労働供給関数

$$N = N^S(w) \qquad \text{(N4)}$$

労働需要関数

$$N = N^D(w) \qquad \text{(N5)}$$

生産関数

$$Y = F(\overline{K}, N) \qquad \text{(N6)}$$

貨幣市場の均衡

$$\frac{M}{P} = L(Y, r + \pi^e) \qquad \text{(N7)}$$

フィッシャー方程式

$$i = r + \pi^e \qquad \text{(N8)}$$

この講では，（N6）について説明しました。

第14講
新古典派マクロ経済モデル②
：総需要と総供給の均衡

■本講では，前講で学んだ新古典派マクロ経済モデルについてさらに詳しく学びます。まず，前講の４つの図を用いてマクロ経済全体としての均衡を確認します。その上で，需要面，すなわち，財市場と資産市場の均衡に着目しながら，新古典派マクロ経済モデルにおける政策の効果について，もう一つのマクロ経済モデルであるケインズ派マクロ経済モデルと対比させながら学びます。

14.1 新古典派マクロ経済モデルの全体像-----

前講で学んだように，新古典派マクロ経済モデルの均衡は，逐次的に捉えることができます。４つの図で考えた前講の図 13-5 でもう一度確認します。

図 14-1 は，前講の図 13-5 と同じものです。まず，左下の第３象限は労働市場を表します。労働の需給が等しくなる点 C で労働量 N が決まります。その労働量 N に対応する産出量が右下の第２象限の生産関数上の点 D での産出量 Y^* に決まります。ここで決まる産出量 Y^* は，労働市場において完全雇用が達成されているときの産出量に対応しており，完全雇用水準の産出量と呼びました。

サプライ・サイドにおいて，労働市場の均衡から完全雇用水準の産出量 Y^* が決定されることによって，第１象限においてこの産出量で垂直な AS 曲線を描くことができました。一方で，ディマンド・サイド（財市場と資産市場の均衡から得られる総需要と物価水準の関係）は，ケインズ派マクロ経済モデルと相違がないと考え，ケインズ派マクロ経済モデルと同様に，右下が

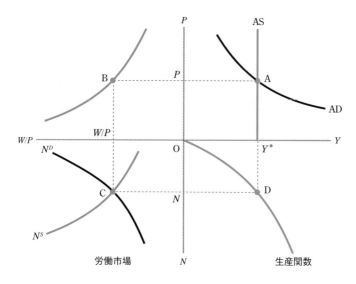

$$P$$
$$AS$$
$$B$$
$$P$$
$$A$$
$$AD$$
$$W/P$$
$$W/P$$
$$N^D$$
$$O$$
$$Y^*$$
$$Y$$
$$C$$
$$D$$
$$N$$
$$N^S$$

労働市場　　　　　N　　　　　生産関数

図 14-1　新古典派マクロ経済モデルの均衡

りの AD 曲線を描きました。AD 曲線と AS 曲線の交点である点 A において物価水準 P が決定されました。

　さらに，ここで決まる物価水準 P のもとで，労働市場で決まる実質賃金が W/P となるように名目賃金 W が調整されました。この関係は，第 2 象限の図で確認できます。このようにして新古典派マクロ経済モデルの中で決定される 4 つの変数 N（労働量），Y（産出量），P（物価水準），W（名目賃金）が決まることになります。

　前講の終わりに学んだ AS 曲線のシフトについて，ここでは 4 つの図で確認しましょう（図 14-2）。まず，人口増加などの理由で，労働供給曲線が右下方向へシフトしたとします。これにより第 3 象限では，労働市場の均衡が点 C から点 C′ へ変化し，実質賃金が低下し，労働量が増加します。第 4 象限では，労働量の増加により，完全雇用水準の産出量が点 D から点 D′ へ増加します。これにより第 1 象限の AS 曲線は AS から AS′ へと右方向にシフトし，AD 曲線との交点は点 A から点 A′ へ移動します。その結果，物価水

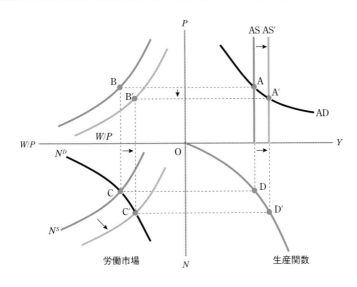

図14-2　労働供給の変化とマクロ経済の均衡

準が低下するため，それに対応する新たな名目賃金が第2象限で決定されます（点B′）。

　次に，労働需要曲線のシフトについて考えましょう（図14-3）。いま，技術進歩が発生し，生産関数が上方向へシフトしたとします。これは，第4象限での生産関数の右方向へのシフトと，第3象限での労働需要曲線の左下方向へのシフトをもたらします。その結果，第3象限で，労働市場の均衡が点Cから点C′へ変化し，実質賃金が上昇し，労働量が増加します。第4象限では増加した雇用量と新たな生産関数に対応する産出量が点D′の水準に決まります。完全雇用水準産出量が増加することで，第1象限のAS曲線はASからAS′へと右方向へシフトし，AD曲線との交点は点Aから点A′へ移動します。その結果，物価水準が低下し，第2象限で対応する新たな名目賃金が決定されます（点B′）。

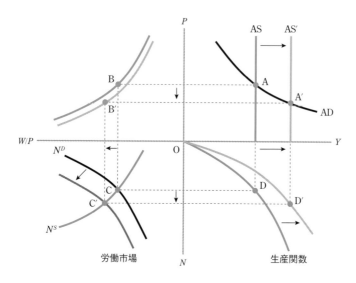

図14-3　労働需要の変化とマクロ経済の均衡

14.2　ケインズ派マクロ経済モデルとの比較…

　これまで労働市場が均衡する新古典派マクロ経済モデルの全体像を見てきましたが，このモデルは以前に学んだケインズ派マクロ経済モデルとどのように異なるのでしょうか。この点を理解するために，ケインズ派マクロ経済モデルのディマンド・サイド（AD曲線）について学んだ際に用いたIS-LMモデルと新古典派マクロ経済モデルのディマンド・サイドを比較します。

■財市場の均衡

　IS-LMモデルでは，財市場の均衡を表すIS曲線と，資産市場（貨幣市場）の均衡を表すLM曲線を，縦軸に名目利子率i，横軸に産出量Yをとった平面に表し，両市場を同時に均衡させるようなiとYの組み合わせを考えました。**第3講**でも学びましたが，数学的には，財市場の均衡を表すIS曲

線は，次のように表されました。

$$I(i) = S(Y - T) + (T - G)$$

左辺のIは投資を表し，名目利子率iの減少関数であると仮定しました。右辺のSは貯蓄（民間貯蓄）を表し，可処分所得$Y - T$の増加関数であると仮定しました。Tは租税，Gは政府支出を表し，$T - G$は財政収支（政府貯蓄）を表します。IS曲線は，財市場を均衡させる，すなわち左辺の投資と右辺の貯蓄をバランスさせるような利子率iと産出量Yの組み合わせを表しました。

　ここで注意したいのは，**第3講**でIS曲線を導出するために，当初，投資関数を仮定した際には，投資Iは「名目」利子率iではなく「実質」利子率rの減少関数と仮定しました。また，名目利子率iと実質利子率rの間には，期待物価上昇率をπ^eとすると

$$i = r + \pi^e$$

という関係がありました。しかしながら，IS-LMモデルでは，物価水準は一定である（結果として$\pi^e = 0$）と仮定したため，$i = r$と見なし，投資関数を$I(i)$と表して分析を進めました。

　それに対して，物価水準が一定ではなく，市場を均衡させるように伸縮的に変化すると考える新古典派マクロ経済モデルでは，iとrは必ずしも等しくありません。このため，貯蓄と投資がバランスする財市場の均衡式は以下のように表されます。

$$I(\overset{\ominus}{r}) = S(\overset{\oplus}{Y - T}) + (T - G) \tag{14.1}$$

投資を表す左辺のIは，IS-LMモデルとは異なり，実質利子率rの減少関数となります。一方で，右辺において貯蓄を表すSは，IS-LMモデルと同様に，可処分所得$Y - T$の増加関数であると仮定します。また，$T - G$は政府貯蓄を表します。

　財市場の均衡を表す（14.1）式を縦軸に実質利子率r，横軸に産出量Yをとった平面に図示してみましょう（図14-4）。いま，（14.1）式において，所得が増加したとします。これにより右辺の貯蓄（供給）が増加します。これ

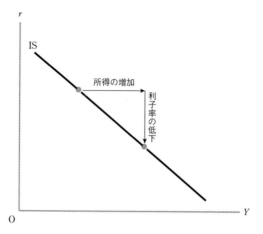

図14-4　新古典派マクロ経済モデルにおける財市場の均衡

は，財市場における「超過供給」を意味します。財市場を均衡させるために
は，利子率が低下して右辺の投資（需要）を増やし，同時に貯蓄を減らす必
要があります。それにより，投資（左辺）と貯蓄（右辺）が等しくなり，財
市場が均衡します。以上から，財市場の均衡を表す（14.1）式を満たすよう
な利子率と産出量の組み合わせは，IS-LM モデルと同様に，右下がりとな
ります。

■ 貨幣市場の均衡

　次に貨幣市場の均衡について考えましょう。新古典派マクロ経済モデルに
おける貨幣市場の均衡式は以下のように表されます。

$$\frac{M}{P} = L(\overset{\oplus}{Y}, \overset{\ominus}{r + \pi^e}) \tag{14.2}$$

IS-LM モデルと同様に，左辺の M は名目貨幣供給量，P は物価水準，右辺
の L は（実質）貨幣需要量を表します。IS-LM モデルと同様に，貨幣需要 L
は産出量 Y の増加関数ですが，名目利子率 $i = r + \pi^e$ の減少関数です。IS-
LM モデルでは物価水準 P は一定であるという仮定から，経済主体は $\pi^e = 0$

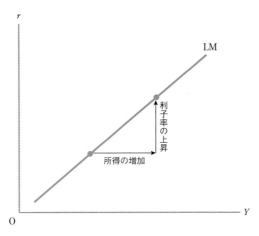

図14-5　新古典派マクロ経済モデルにおける貨幣市場の均衡

と予想すると仮定しました。新古典派マクロ経済モデルでは，物価水準 P は伸縮的に変化するため，このような仮定はできません。しかしながら，π^e は外生的に決定されると仮定し，L は r の減少関数として扱います。

　以上を考慮して，貨幣市場の均衡を表す（14.2）式を，縦軸に r，横軸に Y をとった平面に表すと，IS-LM モデルと同様に，右上がりとなります（図 14-5）。すなわち，新古典派マクロ経済モデルにおいて，貨幣市場を均衡させるような実質利子率と産出量の組み合わせは，右上がりとなります。

■財市場と貨幣市場の均衡

　以上から財市場と貨幣市場をそれぞれ均衡させるような実質利子率と産出量の組み合わせがわかりましたので，両市場の均衡を併せて考えます。図 14-6 は，財市場の均衡を表す（14.1）式と貨幣市場の均衡を表す（14.2）式を同一の平面に表した図です。両曲線は，産出量 Y^* の水準で垂直な直線と1点で交わっています。Y^* は完全雇用水準の産出量を表します。したがって，図 14-6 は，財市場と貨幣市場を均衡させるような産出量の水準は，完全雇用水準の産出量であることを示しています。これは何を意味するので

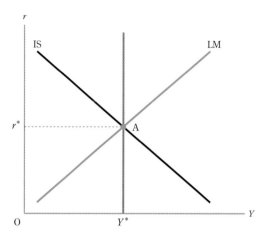

図 14-6　新古典派マクロ経済モデルにおける財市場と貨幣市場の均衡

しょうか。

　上で説明した4つの図を思い出してください。新古典派マクロ経済モデルでは，産出量は，労働市場を均衡させるような雇用量に対応して決まります。つまり，新古典派マクロ経済モデルでは，産出量 Y は，実質利子率 r に関わりなく決まる変数です。このようにして決まる産出量に対応して，実質利子率が財市場の均衡式（14.1）から決まります。

　それでは，貨幣市場の均衡式からは何が決まるのでしょうか。サプライ・サイドから産出量が決まり，それに対応した実質利子率が，財市場の均衡式から r^* の水準に決まります。実質利子率 r^* と産出量 Y^* が決まると，貨幣市場の均衡式（14.2）において，右辺の貨幣需要 L が決まります。左辺の名目貨幣供給量 M は一定ですので，貨幣市場の均衡式からは，右辺の貨幣需要と左辺の実質貨幣供給量を等しさせるように物価水準 P が調整されることになります。図で考えると，財市場の均衡式 IS と完全雇用水準の産出量で垂直な直線との交点である点 A を貨幣市場の均衡式 LM が通過するように，物価水準 P が調整されます。

　このように，新古典派マクロ経済モデルでは完全雇用水準の産出量で垂直

な直線を前提として，財市場の均衡式 IS との交点で実質利子率 r が決定し，その交点に合うように物価水準 P が調整されて貨幣市場の均衡式 LM が描かれるため，常に 3 本の曲線（直線）が 1 つの点で交わるように均衡が定まることになります。そのような意味で，ケインズ派マクロ経済モデルにおける IS-LM 分析とはまったく異なる論理構成となっていることに注意してください。

14.3 財政政策の効果--------------------------

　それでは，上で説明した需要面（財市場と貨幣市場の均衡）から見た新古典派マクロ経済モデルの図を用いて，財政政策の効果について考えましょう。
　いま，政府支出 G を増加させるような拡張的財政政策が実施されたとします。政府支出 G は，財市場の均衡式（14.1）にのみ入っていますので，これにより影響を受けるのも財市場の均衡式のみとなります。具体的には，ケインズ派マクロ経済モデルの IS 曲線と同様に，G の増加により財市場の均

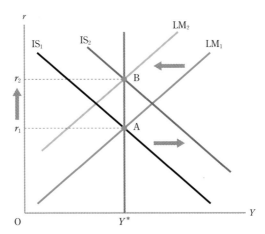

図 14-7　**新古典派マクロ経済モデルにおける財政政策の効果**

衡式は，図14-7のIS₁からIS₂へと右上方向にシフトします。ここまでは
ケインズ派マクロ経済モデルのIS-LM分析との違いはありません。しかし
ながら，上でも述べたように，新古典派マクロ経済モデルでは，産出量は完
全雇用水準に決まっているため，産出量はY^*から変化しません。政府支出
の増加によって，財市場の均衡式がシフトするとそれに対応して実質利子率
が変化します。点Bがそれに対応しており，利子率はr_1からr_2へ上昇しま
す。

　実質利子率の上昇は，貨幣市場の均衡式（14.2）において，右辺の貨幣需
要を減少させます。これにより貨幣市場において，超過供給が発生します。
貨幣市場の超過供給を解消させるためには，物価水準Pが上昇し，実質貨
幣供給が減少する必要があります。物価水準Pの上昇は，図でいえば，貨
幣市場の均衡式LMの左上方向へのシフトを意味します。

　それでは，どこまで物価水準が上昇するのでしょうか。上でも述べた通り，
新古典派マクロ経済モデルの均衡は，財市場の均衡式，貨幣市場の均衡式，
完全雇用産出水準で垂直な直線が1点で交わる点です。したがって，貨幣市
場の均衡式は，LM₁からLM₂までシフトすることになります。点Bが新た
な均衡となります。

　このような変化をもたらす財政政策の効果はどのように評価できるでしょ
うか。まず，産出量は完全雇用水準の産出量から変化していませんので，こ
のような政府支出の増加には産出量を増やして景気を良くする効果はないと
言えます。なぜ，このようなことが起きたのでしょうか。その理由は，**第8
講**でIS-LM分析で財政政策の効果を見た際に学んだ「クラウディング・アウ
ト」と呼ばれる現象と同様のことが発生しているからです。クラウディン
グ・アウトとは，政府支出の増加によって利子率が上昇し，民間投資を減退
させる効果を表しました。すなわち，政府が財・サービスを購入することに
よって，民間が購入できる財・サービスが減少してしまうことを意味します。
財市場の均衡式を，$S=Y-C$であることを考慮して，書き換えると

$$Y=C+I+G$$

となります。左辺のYは変化しませんので，政府支出Gが増加すると，消

費 C と投資 I が政府支出の増加分だけ減少することになります。すなわち，新古典派マクロ経済モデルにおいては，100%のクラウディング・アウトが発生するために，財政政策は無効であると結論付けられます。

14.4 金融政策の効果----------------------------

　次に，需要面から見た新古典派マクロ経済モデルの図を用いて，金融政策の効果について考えましょう。

　いま，拡張的金融政策によって名目貨幣供給量 M が増加したとします。名目貨幣供給量 M は，貨幣市場の均衡式（14.2）にのみ入っていますので，これにより影響を受けるのも貨幣市場の均衡式のみです。ここでもケインズ派マクロ経済モデルの LM 曲線と同様に，M の増加により貨幣市場の均衡式は，図 14-8 の LM_1 から LM_2 へと右下方向にシフトします。しかしながら，上でも述べたように，新古典派マクロ経済モデルのおける均衡は，財市場の均衡式，貨幣市場の均衡式，完全雇用水準産出量で垂直な直線が交わる

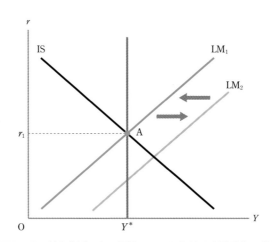

図 14-8　**新古典派マクロ経済モデルにおける金融政策の効果**

点です。新たな貨幣市場の均衡式 LM_2 上には，3つの直線が交わる点はないため，均衡にはなりません。この場合，均衡はどこに決まるのでしょうか。

　財政政策での議論を思い出してください。新古典派マクロ経済モデルでは，産出量は完全雇用水準に決まっているため，Y^* から変化せず，財市場の均衡式から，実質利子率が決まりました。この場合の r_1 がそれに対応します。

　一方で，名目貨幣供給量 M が増加することで，貨幣市場において超過供給が発生します。それを解消させるためには，物価水準 P が上昇し，実質貨幣供給が減少する必要があります。実質貨幣供給量の減少は，LM 曲線の左上方向のシフトをもたらします。結果的に，LM 曲線は，財市場の均衡式，貨幣市場の均衡式，完全雇用産出水準で垂直な直線が1点で交わる点，すなわち，点 A までシフトすることになります。すなわち，物価水準は，LM 曲線が以前の位置に戻るまで，上昇します。

　このような金融政策の効果はどのように評価することができるのでしょうか。まず，産出量は完全雇用水準産出量から変化していませんので，拡張的金融政策には，財政政策と同様に，産出量を増やす効果はないと言えます。貨幣市場の均衡式に戻って考えましょう。

$$\frac{M}{P} = L(Y, r + \pi^e)$$

拡張的金融政策は，左辺の M を増加させることで，実質貨幣供給量 M/P が増加します。一方，産出量 Y と実質利子率 r は変化しませんので，右辺の実質貨幣需要量 L に変化はありません。貨幣市場における超過供給を解消させるためには，左辺の M/P が右辺の L と等しくなる必要があります。すなわち，そのためには，M の増加率と同じだけ P も増加しなければならないことになります。例えば，M を2倍に増加させたとき，P も2倍になることを意味します。

　上のような状況は，古典派経済学における「貨幣数量説」という考え方と整合的です。貨幣数量説とは，18世紀の哲学者・経済学者のヒューム（D. Hume）が論じ，その後，米国の経済学者フリードマン（M. Friedman）により提唱された古典派理論であり，経済における利用可能な貨幣量が物価水準を決定するという考え方です。特に，名目貨幣供給量の変化は，同じく名目

変数である物価水準のみを変化させ，産出量や実質利子率といった経済における実質変数には影響を与えないことを「古典派の二分法」あるいは「貨幣の中立性」と呼びます。

　これまで見たような新古典派の需要サイドの分析はこの貨幣数量説がベースにあることを意味します。したがって，貨幣数量説に基づいた「古典派の二分法」や「貨幣の中立性」によって，金融政策は無効であると結論付けられます。

14.5　新古典派の消費・貯蓄関数と IS 曲線----

　以上で，新古典派マクロ経済モデルの説明は一応完結しました。ただし，ここまでの説明ではケインズ派マクロ経済モデルと新古典派マクロ経済モデルを比較して理解するために，一つの要素を省略して説明しました。最後にこの点に関する新古典派マクロ経済モデルの修正をします。初学者はこの項目を読み飛ばして構いません。

　新古典派では，消費関数が可処分所得 $Y-T$ のみではなく，実質利子率 r にも依存すると考えます。

$$C = C(Y-T, r)$$

これは，実質利子率 r が今期と来期の消費の相対価格であるため，実質利子率 r が変動すると暗黙に存在する来期の消費との間の関係を通じて今期の消費である C が変動するはずだからです。

　これは次のように考えることで理解できます。ここでは2期間モデルを考えます。今期と来期と呼びますが，1年目と2年目と考えても構いません。単純化のために，この経済は来期までしかないと考えましょう。今期の消費を C_1，来期の消費を C_2 とします。今期には $Y-T$ の所得（可処分所得）があり，来期には所得はないとします。今期の貯蓄 S（すなわち所得のうち消費しなかったもの）は，実質利子率 r の利回りで来期に消費を持ち越すことができます。したがって，貯蓄を S とすると $(1+r)S$ だけ来期の消費をすること

ができます。

　これをまとめると次のような関係がわかります。

$$C_1 + S = Y - T$$

$$C_2 = (1 + r)S$$

今期は，$Y-T$ の所得を今期の消費 C_1 と貯蓄 S に分けます。貯蓄 S は来期には $(1+r)S$ の粗収益をもたらして，来期の消費 C_2 を享受することができます。この関係をまとめると次のような予算制約式が得られます。

$$C_1 + \frac{C_2}{1+r} = Y - T$$

このような予算制約の下で，効用を最大にする今期の消費 C_1 と来期の消費 C_2 を選択する問題を考えます。これは典型的な効用最大化問題ですが，$1+r$ が相対価格となっていることに注意する必要があります。この相対価格が変化した場合，今期の消費である C_1 が増加するか減少するかが問題です。

　ミクロ経済学で学ぶように，代替効果と所得効果の大きさによって C_1 が増加する場合も，減少する場合もありえます。もし所得効果が代替効果よりも小さいと仮定すると，実質利子率 r が上昇したときに，貯蓄 S が増加して，今期の消費消費 C_1 は減少することが導けます。図 14-9 は所得効果が代替効果よりも小さい状況を図示しています。このような状況を仮定して，消費は実質利子率の減少関数として考えることにします。

$$C = C(\overset{\oplus}{Y-T},\ \overset{\ominus}{r})$$

　このような消費関数を考えた場合に，IS 式がどのように影響を受けるかを考えます。**第3講**での説明と同様に貯蓄 S を定義すると，

$$S(Y-T, r) = Y - T - C(Y-T, r)$$

となります。貯蓄 $S(Y-T, r)$ は，可処分所得 $Y-T$ の増加関数であることは**第3講**と同様です。実質利子率に対しては，先の2期間モデルでの説明を前提にすると実質利子率 r の増加関数にならなければなりません。消費 C

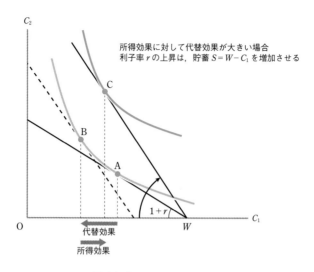

図 14-9　消費と貯蓄の選択

が実質利子率 r の減少関数であるからです。したがって

$$S(\overset{\oplus}{Y-T,}\ \overset{\oplus}{r})$$

という貯蓄関数になっていることに注意しましょう。以上から，新古典派の
IS 曲線は，

$$I(\overset{\ominus}{r}) = S(\overset{\oplus}{Y-T,}\ \overset{\oplus}{r}) + (T-G)$$

となります。興味深いことに，新古典派の IS 式においても国民所得 Y と実
質利子率 r の関係は，$Y-r$ 平面において右下がりの関係になっており，財
政支出 G の増加や減少によって IS 曲線がシフトする方向は変わらないこと
がわかります。

問題1：新古典派マクロ経済モデルにおける均衡　次のような新古典派マクロ経済モデルを考える。ただし，生産関数と労働需要関数をアドホックに以下のように与える。

　　　〈ディマンド・サイド〉

　　　　　消費関数：$C = 0.8(Y - T) + 30$

　　　　　投資関数：$I = 28 - 2r$

　　　　　政府支出：$G = 60$

　　　　　租税：$T = 50$

　　　　　貨幣需要関数：$L = Y - 10(r + \pi^e)$

　　　　　期待物価上昇率：$\pi^e = 0$

　　　　　名目貨幣供給量：$M = 1320$

　　　〈サプライ・サイド〉

　　　　　生産関数：$Y = 12N$

　　　　　労働需要関数：$W/P = 900/N$

　　　　　労働供給関数：$W/P = N$

　ただし，C は消費，Y は所得（産出量），I は投資，r は実質利子率，L は貨幣需要量，M は名目貨幣供給量，P は物価水準，W は名目賃金，N は労働量を表すものとする。

　(1)　財市場の均衡式（IS）と貨幣市場の均衡式（LM）を求めなさい。

　(2)　完全雇用産出量を労働市場における均衡から求めなさい。

　(3)　均衡利子率を財市場の均衡式から求めなさい。

　(4)　均衡物価水準を貨幣市場の均衡式から求めなさい。

問題2：新古典派マクロ経済モデルにおける財政・金融政策の効果　次のような新古典派マクロ経済モデルを考える。

　　　〈ディマンド・サイド〉

　　　　　消費関数：$C = 0.6Y + 275$

　　　　　投資関数：$I = 300 - 10r$

　　　　　政府支出：$G = 75$

　　　　　貨幣需要関数：$L = 340 + 0.5Y - 60 \ (r + \pi^e)$

　　　　　期待物価上昇率：$\pi^e = 0$

　　　　　名目貨幣供給量：$M = 800$

〈サプライ・サイド〉

完全雇用産出量：$Y = 500$

ただし，C は消費，Y は所得（産出量），I は投資，r は実質利子率，L は貨幣需要量，M は名目貨幣供給量，P は物価水準を表すものとする。

(1) 財市場の均衡式（IS）と貨幣市場の均衡式（LM）を求めなさい。

(2) 均衡における利子率と物価水準を求めなさい。

(3) 財政政策により政府支出を 200 だけ増加させるとき，新たな均衡における産出量，利子率，物価水準への影響を求めなさい。

(4) 金融政策により名目貨幣供給量を 400 だけ増加させるとき，新たな均衡における産出量，利子率，物価水準への影響を求めなさい。

● Point Check　新古典派モデル

財市場の均衡

$$Y = C + I + G \qquad \text{(N1)}$$

消費関数（消費と所得の関係）

$$C = C\,(\overset{\oplus}{Y - T}) \qquad \text{(N2)}$$

投資関数（投資と利子率の関係）

$$I = I(\overset{\ominus}{i}) \qquad \text{(N3)}$$

IS 曲線

$$I(\overset{\ominus}{r}) = S(\overset{\oplus}{Y - T}) + (T - G) \qquad \text{(N：IS)}$$

労働供給関数

$$N = N^S(w) \qquad \text{(N4)}$$

労働需要関数

$$N = N^D(w) \qquad \text{(N5)}$$

生産関数

$$Y = F(\overline{K}, N) \qquad \text{(N6)}$$

貨幣市場の均衡

$$\frac{M}{P} = L(Y, r + \pi^e) \qquad \text{(N7)}$$

フィッシャー方程式

$$i = r + \pi^e \qquad \text{(N8)}$$

この講では，（N1）（N：IS）（N7）について説明しました。

第15講
さらにマクロ経済学を
学ぶために

■前講までの各講で，私たちは，ケインズ派マクロ経済モデルと新古典派マクロ経済モデルについて学んできました。本書の冒頭でも説明した通り，マクロ経済学は，その誕生の瞬間からケインズ派と新古典派の対立によって発展してきた分野であるといっても過言ではありません。両学派の対立は時に深刻なものでしたが，他方で，マクロ経済学者が双方の理論モデルとその現実的妥当性を互いに理解し合うことで（それは相手を論破するためだったかもしれませんが），共通の議論の土台を作り上げることになりました。マクロ経済学を初めて学ぶ人にとっては，2つのモデルを正しく理解することが出発点となると考えられます。

　ところで本書を通じては，マクロ経済学を学ぶ初学者の視点からあえて取り扱うのを避けてきたトピックがあります。それらの概要を本講でまとめることで中級・上級レベルのマクロ経済学への橋渡しとしたいと思います。

15.1　時間を通じた経済の変動------------------

　本書で扱ったマクロ経済モデルは「静学モデル」と呼ばれる枠組みです。静学モデルにおいては，ある1時点での経済の状態をモデル化するため，時間を通じた効果は捨象されます。例えば，静学モデルでは，資本のような投資を通じて変化する変数（ストック変数）は，一定の（固定的な）変数として扱います。また，静学モデルでは，外生変数である名目貨幣量や財政支出が変化した場合に新たな均衡がどうなるかという問題を分析することができますが（これを「比較静学分析」と呼びます），元の均衡から新たな均衡へどのよ

うな経路を辿って変化するかについては関心を払いません。これらの点は，静学モデルを用いる上での限界であると考えられます。

とはいえ，これまでのケインズ派マクロ経済モデルで見たように，景気循環における不況期に拡張的金融政策（名目貨幣量 M を増加させる政策）や拡張的財政政策（財政支出 G を増加させる政策）によって，実質 GDP を増加させ景気を良くすることができるという結論を得ることは，比較静学の結果として理解することができます。途中の経路は不明ですが，実質 GDP を増加させることで景気が良くなるであろうという，ある程度までの時間の変化を伴う議論をすることができるわけです。もちろん新古典派マクロ経済モデルから理解される「金融政策と財政政策は無効である」という結論も，比較静学を用いていることには変わりありませんし，ある程度の時間の変化を伴う議論と言えるでしょう。

ここでは，私たちが本書で学んだ静学モデルとは異なり，時間を明示的に考慮した枠組みである「動学モデル」を考えることで何が明らかになるのかについて，その概要を示したいと思います。

まず，動学モデルにおいて時間を明示的に考慮するとは，モデルの中で時間とともに変化する変数を導入することです。そして，それは時間を表す添字 t（$= 0, 1, 2, 3, \cdots$）で区別されます。時間 t は，通常，月，四半期，年などが単位となります。例えば，年を単位とすると，第 0 年から，第 1 年，第 2 年，第 3 年といったように時間の経過が表されます。このとき，投資 I の 1 年毎の変化は，$I_0, I_1, I_2, \cdots$ で表され，同じく，資本 K の 1 年毎の変化は，$K_0, K_1, K_2, \cdots$ のように記述されます。

ある経済のある時点（t 期とします）における資本の量（ストックで表される変数です）K_t は，その前の期（すなわち $t-1$ 期です）までに存在した資本量 K_{t-1} に，その期に行われた投資（フローで表される変数です）I_t を加えたもので表されます。このとき，前の期の資本は生産に投入されることでその一部（δ で表します）が減耗するものと仮定すると，ある経済における資本 K と投資 I の間の関係は以下の式で表されます。

$$K_t = (1 - \delta) K_{t-1} + I_t$$

すなわち，t 期の始めには，K_{t-1} だけ資本ストックがこの経済に存在し，t 期における生産に使用されるため t 期の終わりには $(1-\delta)K_{t-1}$ だけの資本が残存することになります。さらに，t 期において行われる投資が I_t であり，これを加えた資本ストックである K_t が $t+1$ 期の始めに利用可能な資本量であることがわかります。このような方法で経済における資本ストックの時間を通じた変化を記述できるのが動学モデルの特徴です。

15.2　経済成長と景気循環----------------------

　上の節では，動学モデルの特徴について簡単に説明しましたが，実際は資本や投資だけでなく，消費や貯蓄など，本書で扱った変数すべてが時間を通じて変化するような場合，複雑なモデルになることが予想されます。そのようなモデルの詳細については，本書では扱うことはしませんが，そのようなモデルでわかることのイメージについては若干言及しておきます。

　まず，マクロ経済モデルを動学化することによって，大きく理解が深まった分野が経済成長と呼ばれる現象です。経済の変動は大きく分けて，長期の「経済成長」と中・短期の「景気循環」で捉えることが可能です。例えば，100 年程度のスパンで日本経済が豊かになったことは長期の経済成長として捉えられます。他方で，数年のスパンで好景気と不景気の時期を繰り返すような現象は中・短期の景気循環として捉えられます。動学モデルを導入することで，経済成長がどのような要因で生じるのかということを明確に示すことが可能になりました。特に，経済における資本量や労働量，また，労働の質を決定する教育（人的資本の蓄積と考えます），さらには利用可能な技術知識など，主に供給側の要因が経済成長にとって重要な要因となります[1]。

　また，上の節で，本書で学んだ静学モデルでも比較静学分析によって景気循環を考えることができると述べましたが，動学モデルを導入することによって景気循環の現象が精緻に記述できるようになり，現実のデータと照ら

1　齊藤誠・岩本康志・太田聰一・柴田章久（2010）『マクロ経済学』有斐閣の第 10 章と第 15 章は，経済成長論をわかりやすく解説しています。

し合わせてモデルの説明力を比較するなど，研究方法の発展もありました。

15.3 新古典派の復活

ケインズの『一般理論』の発表後，ケインズ派マクロ経済モデルによる分析と政策立案は急速に受け入れられていきました。大恐慌への対策として米国で1930年代に行われたルーズベルト大統領によるニューディール政策は，ケインズ派マクロ経済モデルが有効であると認めた拡張的財政政策として理解することが可能であり，これがケインズ派マクロ経済モデルが信頼を得た理由であると考えられます。そして，第2次世界大戦が終わった1945年以降，マクロ経済学の発展によって，ケインズ派マクロ経済モデルに基づく分析と政策立案が先進国の一般的な経済政策となっていきました。

特に，このようなケインズ派マクロ経済モデルに基づく政策立案は，戦災からの戦後復興を後押しし，ドイツや日本に高度経済成長時代をもたらしました。このことはケインズ派マクロ経済モデルの信頼をさらに高めることになりました。

他方で，1970年代に入って発生した第1次オイルショックは，先進各国に大きな経済的なダメージをもたらしました。原油高に伴う原材料の高騰がもたらした高インフレと高い失業率が同時に発生するスタグフレーションを，財政政策と金融政策の組み合わせによって抑えることができなかったことは，ケインズ派マクロ経済モデルの信頼性を失わせることになりました。

同時に，この時期のマクロ経済学の分野では，上で述べたような時間を明示的に考慮した動学的マクロ経済モデルが発展しつつありました。特に，これらの分野では，市場における価格調整メカニズムや個人や企業など経済主体の合理的な意思決定を前提とした，いわゆる，新古典派的な考え方に基づいたモデルでした。このような新古典派が支持された理由として，「合理的期待形成」という考え方が重要であったと考えられます。

動学的マクロ経済モデルでは，家計や企業などの経済主体は，将来を予測しながら時間を通じた意思決定を行っていると想定します。静学的マクロ経

済モデルであっても，期待物価上昇率π^eが将来予測の変数となっていましたが，動学的マクロ経済モデルにおける経済主体は，多くの変数について将来の値とその変化について予想しながら，今期の消費・貯蓄や生産・投資などを決定します。その際，経済主体がそれらの予測をどのように行っていると仮定するかで，モデルの性質やそこから得られる結論が大きく変化します。特に，この分野の多くの研究では，経済主体は「現時点でわかっている情報を用いて，経済の構造（モデル）に即して予測する」という，いわゆる「合理的期待形成」の仮定を採用し，分析を行ってきました。

経済主体が「合理的期待形成」に基づいて意思決定を行うような動学的マクロ経済モデルでは，ケインズ派マクロ経済モデルで大きな有効性を持った財政政策や金融政策は全く無効となるか，あるいは，有効であったとしても，経済の攪乱要素となり，むしろ一国の経済厚生を低下させてしまうという結論が示されました。これは（静学的）ケインズ派マクロ経済モデルの結論に対する信頼を大きく揺るがせることになりました。

合理的期待形成に対する理解が広まり，動学的マクロ経済モデルの性質が明らかになるにつれて，静学モデルに基づいたモデルのパラメータに関する仮定が重要となってきました。すなわち，この時期，財政政策や金融政策の効果を測る際に用いるIS曲線やLM曲線などのパラメータを統計的に推計する手法が計量経済学と呼ばれる分野において発展しました。

その際，問題となったのは，政策を実施した後にそのパラメータの値に変化はないと仮定できるかどうかでした。動学的マクロ経済モデルにおいて合理的な意思決定を行う消費者や企業の目的関数（効用関数など）が安定的なものであると考えると，静学モデルにおけるパラメータは，政策の変更によって変化するものと考えられます。この場合，それらが変化しないものとして，静学モデルにおいて導出される政策効果は信頼性を持たないものと考えられます。このようなケインズ派の静学的マクロモデルに対する批判は，それを最初に指摘した経済学者のルーカス（R. E. Lucas, Jr.）の名前をとって，ルーカス批判[2]と呼ばれました。

2　Lucas, R. E., (1976), "Econometric Policy Evaluation: A Critique," in K. Brunner and H. Meltzer (eds.), *The Phillips Curve and Labor Markets*, Carnegie-Rochester Conference Series on

一方で，ケインズ派のマクロ経済モデルを動学モデルとして再構築する試みは，名目賃金の硬直性を一般物価水準の硬直性と読み替えることで進展しました。ケインズ的な政策の有効性などの性質は，名目価格の硬直性によって導出されることがわかってきました。このようにケインズ派の再構築はニューケインジアン動学的マクロ経済モデルとして結実します。また1990年代後半から2000代前半の米国経済の安定した成長は，ニューケインジアン動学的マクロ経済モデルの予測と整合的であったことは，ニューケインジアンの有効性について説得力を持っていたと考えられます[3]。

15.4　新しい金融政策の考え方------------------

　動学的マクロ経済モデルが一般的に理解されるにつれて，金融政策の考え方が大きく変わったエピソードがあります。1980年代ごろの日本銀行総裁は，記者からの質問に「嘘」をつくことが許されていたと考えられています[4]。例えば，収縮的金融政策を明日発表すると予定されていた場合，前日に記者から「明日利上げ（引締的金融政策）を実行するのか？」と問われた日本銀行総裁は，「しない」と答えることが許されていました。次の日になって実際には利上げをすることを発表したわけですから，前日の記者への返答は「嘘」であったと考えられます。1980年代から1990年代初頭までは，日本銀行総裁のこのような行動は決して珍しいものではありませんでした。

　しかしながら，2000年代以降は，このような日本銀行総裁の行動は，まず観察されなくなりました。この時代から日本銀行総裁には「市場との対話」という能力が求められ，市場に正しい政策スタンスを伝える必要があると考えられています。

　このような変化が起こった背景は，動学的マクロ経済モデルで得られた知

Public Policy. 1. New York: American Elsevier., pp.19-46.
3　ニューケインジアン動学的マクロ経済モデルについては，加藤涼（2006）『現代マクロ経済学講義』東洋経済新報社の第2章，齊藤誠・岩本康志・太田聰一・柴田章久（2010）『マクロ経済学』有斐閣の第11章と第17章を参照してください。
4　渡辺努（2022）『物価とは何か』講談社，pp.157-159。

見が影響していると考えられます。1980年代の日本銀行総裁は，金融政策が（引締であれ緩和であれ）効果を持つには市場の参加者にとって新しい情報となるショックとして受け入れられることが必要だと考えていたと思われます。このこと自体はある程度事実であると考えられますが，他方で，政策当局がどのようなスタンスを持っているか市場参加者がわからない状態で，さまざまに予想する主体が行動することは，金融政策が効果を持ったとしてもデメリットが大きく，一国の経済厚生を引き下げる可能性が理解されてきました。結果として，金融政策が効果を持ちつつ，市場参加者が政策当局のスタンスに疑念を抱かないような政策運営が求められることになったのです。このような複雑な状況を日本銀行総裁の「市場と対話する能力」と表現されていると考えられています。2000年代以降の日本銀行総裁は，記者会見その他の公の場で，「嘘」の発言をすることは許容されていないと考えられています。

＊　＊　＊

　2008年に起こったリーマンショック（2007年から2008年の世界金融危機）は，世界の経済に大きな影響を与えました。これまでも金融危機（1929年世界恐慌，1989年米国サブプライムローン危機，1997年日本の金融危機，1997年アジア通貨危機など）は世界各国で起こっていましたし，ある程度の対策が可能だと考えられている中で，2008年の危機は成長し破滅的な影響を世界経済にもたらしました。マクロ経済学のモデルでこの危機が予測できなかったことはマクロ経済学者に大きなショックを与えました。

　この金融危機に対応するため，欧米先進国は政策金利（中央銀行がコントロールする超短期金利を指します）がゼロの状態になりました。日本は1990年のバブル崩壊の後，2001年からゼロ金利状態にありましたが，米国のFRB，英国のイングランド銀行，EUのヨーロッパ中央銀行も相次いで政策金利がゼロになるという異常事態が発生したのです。このような状態を非伝統的金融政策のフェーズと呼ぶことがあります[5]。この状態から脱する方策が

5　非伝統的金融政策とは，伝統的金融政策の市場調節手段である政策金利がゼロになった状態から，さらに金融緩和をする政策を指します。

マクロ経済学の論点となりました。

　主要な論点としては量的緩和とインフレターゲッティング政策[6]を用いること が重要という認識が，ある程度広く共有されていきました。このことの理由 は，金利をこれ以上下げることができないゼロ金利の状態から，さらなる金 融政策を行うため，量的（買い入れ国債の金額等）な指標に基づいて政策を 行う必要がありました。また本講ですでに説明した時間を通じた合理的期待 形成を前提としたマクロ経済モデルにおいて，金融政策が一時的なものでは なく，長期に渡り継続することを民間経済主体が信用するという点が，効果 をもたらすかどうかに重要なポイントであったからです。非伝統的金融政策 のフェーズで，日本銀行も2013年に黒田東彦総裁が就任してから，量的緩 和とインフレターゲッティング政策という点を掲げて，金融政策の運営に携 わっていると考えられています。

　一方で，本書で説明した貨幣乗数のメカニズムによる，日本銀行のマネー サプライのコントロールは，非伝統的金融政策の下では正しいとは言えない と考えるべきです。なぜならば，市中銀行が法定の預金準備率の水準で日銀 当座預金を保有しているという前提において，成立するメカニズムですが， 非伝統的金融政策のフェーズにおいて，市中銀行は法定の預金準備率の水準 を遥かに超えて，日銀当座預金を保有しているからです。その意味で，現在 の現実には当てはまらない理論で本書の説明をせざるを得ないことに，筆者 たちは非常に忸怩たる思いを持っています。ただし，現実を理解する上でも， 少なくとも20世紀後半の先進国の多くで当てはまった理屈から理解してい くことには一定の必要性があると信じています。

　非伝統的金融政策のフェーズにおける金融政策がどのように効果を発揮す るのかについて，さらなる研究蓄積が必要かもしれません。本書執筆時点の 2022年の段階で，新型コロナウイルス禍に見舞われた世界経済は，一方で インフレのリスクに晒されており，外的なショックによって非伝統的金融政

6　量的緩和は，伝統的に中央銀行が利子率を操作して金融政策を行ってきたのに対して，マネ タリー・ベースなどの量に目標を定めて金融政策を行うことを指します。インフレターゲッティ ング政策は，インフレ率の目標を定め，この目標まで金融緩和あるいは金融引締を実行することを， 中央銀行が宣言する政策を指します。非伝統的金融政策のフェーズでは，量的緩和と金融緩和を 宣言するインフレターゲッティング政策のいずれか，または両方が用いられると考えられます。

策のフェーズから脱却することになるかもしれません。マクロ経済における金融政策の重要性は，今後も変わらないと考えられるので，マクロ経済学における金融政策の効果に対する知見は，今後も深まっていくと考えられます。

索　引

著者紹介

河原　伸哉（かわはら　しんや）

2006年　ブリティッシュ・コロンビア大学大学院経済学研究科博士課程修了
　　　　（Ph.D. in Economics）
　　　　福島大学経済経営学類助教授・准教授，立正大学経済学部准教授を経て
現　在　立正大学経済学部教授

主要論文

"Electoral Competition with Environmental Policy as a Second Best Transfer",
　　Resource and Energy Economics, 33(3), pp.477-495, 2011.
"Endogenous Lobby Formation and Endogenous Environmental Protection with
　　Unilateral Tariff Reduction", *Environmental and Resource Economics*, 57(1),
　　pp.41-57, 2014.
"Trade, Environment, and Market Access: Policy Reforms in a Small Open Economy",
　　Environment and Development Economics, 19(2), pp.173-181, 2014.

慶田 昌之（けいだ　まさゆき）

2004年　東京大学大学院経済学研究科経済理論専攻博士課程単位取得退学
現　在　立正大学経済学部准教授

主要論文

「通貨危機後の東アジア諸国の景気循環の連関」，『フィナンシャル・レビュー』，
　　Vol.84, pp.81-100，財務省財務総合政策研究所，2006.
「負債デフレ論とデフレ心理」（共著），『デフレ経済と金融政策』（吉川洋編）第6
　　章，pp.177-200，慶應義塾大学出版会，2009.
「企業家精神と設備投資：デフレ下の設備投資低迷のもう一つの説明」（共著），
　　『フィナンシャル・レビュー』，Vol.132, pp.109-129，財務省財務総合政策研究
　　所，2017.

ライブラリ 経済学15講［BASIC 編］ 3
マクロ経済学15講

2023年4月25日 ⓒ　　　　　　　　　　初 版 発 行

著　者　河原伸哉　　　　発行者　森平敏孝
　　　　慶田昌之　　　　印刷者　篠倉奈緒美
　　　　　　　　　　　　製本者　小西惠介

【発行】　　　　　株式会社　新世社
〒151-0051　東京都渋谷区千駄ヶ谷1丁目3番25号
編集 ☎(03)5474-8818(代)　　サイエンスビル

【発売】　　　　　株式会社　サイエンス社
〒151-0051　東京都渋谷区千駄ヶ谷1丁目3番25号
営業 ☎(03)5474-8500(代)　　振替 00170-7-2387
FAX ☎(03)5474-8900

印刷　㈱ディグ　　　　　製本　㈱ブックアート
《検印省略》

サイエンス社・新世社のホームページのご案内
https://www.saiensu.co.jp
ご意見・ご要望は
shin@saiensu.co.jp　まで。

ISBN 978-4-88384-369-5

PRINTED IN JAPAN

ミクロ経済学15講

小野﨑保・山口和男　共著
A5判／336頁／本体2,750円（税抜き）

15講を通じてミクロ経済学の根幹となる考え方がマスターできるよう項目を厳選して構成した入門テキスト。図表をまじえた親しみやすい筆致による解説をベースに，順次数式を用いた説明を含め，適切な練習問題を設けて読者を着実な理解へと導き，発展的な学修の礎を築けるよう配慮した。2色刷。

【主要目次】

ミクロ経済学を学ぶために／需要と供給／価格弾力性／市場均衡／効用関数と無差別曲線／予算制約線と効用最大化行動／所得変化とエンゲル曲線／価格変化と需要曲線／生産関数と等産出量曲線／費用最小化と総費用関数／平均費用と限界費用／利潤最大化行動と供給曲線／市場均衡の評価／経済政策の評価／市場支配力と独占

発行　新世社　　　　発売　サイエンス社